Die Bibelzitate sind folgenden Ausgaben entnommen:

Gute Nachricht Bibel, revidierte Fassung, durchgesehene Ausgabe in neuer Rechtschreibung,
© 2000 Deutsche Bibelgesellschaft, Stuttgart. (GNB)

Hoffnung für alle® (Brunnen Verlag Basel und Gießen), copyright © 1983, 1996, 2002 by International Bible Society®.
Verwendet mit freundlicher Genehmigung des Verlags. (HFA)

Martin Auer: Über die Erde; aus: Hans Joachim Gelberg (Hrsg.), Überall und neben dir,
© 1986 Beltz & Gelberg in der Verlagsgruppe Beltz, Weinheim & Basel

Kerstin Hack: Es hat keinen Sinn; aus: dies., Swing, © Down to Earth / Kerstin Hack, Berlin.

Hanns Dieter Hüsch: Juni-Psalm (Herr, es gibt Leute, die behaupten); aus:
Hanns Dieter Hüsch/Uwe Seidel, Ich stehe unter Gottes Schutz, S. 62, 2007/10, © tvd-Verlag Düsseldorf, 1996.

Mascha Kaléko: Sozusagen grundlos vergnügt; aus: dies., In meinen Träumen läutet es Sturm,
© 1977 Deutscher Taschenbuch Verlag, München.

Ilse Kleberger: Weißt du, wie der Sommer riecht?, © bei der Autorin.

Text von Arthur Miller aus: ders., „Einmal Gärtner, immer Gärtner". Aus dem Amerikanischen von Margit Last.
Abgedruckt in DIE ZEIT vom 13.4.1984. „Once a gardener, always a gardener" Copyright © 1984 by Arthur Miller.

Antje Sabine Naegeli: Die Zeichen der Liebe gewahren, © bei der Autorin.

Anne Steinwart: Nicht verpassen möchte ich, © bei der Autorin.

Wilhelm Wilms: barbarazweig; aus: ders., meine schritte kreisen um die mitte. neues lied im alten land,
© 1984 Butzon & Bercker GmbH, Kevelaer, S. 85, www.bube.de

2. Auflage 2010

© 2009 SCM Collection im SCM-Verlag GmbH & Co. KG, Witten
Gesamtgestaltung: Miriam Gamper | Essen | www.dko-design.de
Fotos: © JAHRESZEITEN VERLAG GmbH
Druck: Druckerei Theiss GmbH, Österreich – www.theiss.at
ISBN 978-3-7893-9388-4
Bestell-Nr. 629.388

Jahres Zeiten

Mit Bianka Bleier
durch das Jahr

SCM Collection

Vorfrühling

Immer noch weit und breit kein Anzeichen von Frühling, mal abgesehen von ein paar unerschütterlich wagemutigen Schneeglöckchen. Es schneit … Ein Gefühl, als wenn alles, was Winter heißt, sich noch einmal aufbäumte. Aber es ist nicht mehr dasselbe, und ich bin auch nicht mehr dieselbe. Die Zeichen stehen auf Neubeginn!
Ich glaube fest daran, ich weiß es: Der Frühling wird kommen, er steht mitten auf dem Kalenderblatt, er lässt sich nicht mehr aufhalten durch frostige Nachttemperaturen. Er knospt an den kahlen Zweigen, er drängt durch die Erde – die Macht des Winters ist gebrochen!

Auch wenn er in Ausläufern noch einmal zurückkehrt. Was sich da Schnee nennt, sind lediglich Tausende von Himmelsküssen, harmlose dicke Flocken. Im verschneiten Baumwipfel sitzt eine Krähe und ruft. Durch ihr energisches Schwanzwippen gerät der Baum in Bewegung. Schneewehen und Vogelgetön, wie ungewöhnlich … In einiger Entfernung antwortet eine zweite Krähe. Dazwischen allerhand Frühlingsgezwitscher. Ich kann den Frühling nicht sehen, aber offensichtlich ist er da. Er schlummert im Verborgenen, wartet auf seine Zeit, um die Welt zu verwandeln, uns mit seiner Lebenslust anzustecken.
Der Frühling ist keine Idee, an die man nur eine vage Erinnerung hat, unsicher, ob sie Traum oder Wirklichkeit war. Frühling geschieht tatsächlich! Auch wenn noch nichts danach aussieht – er wird kommen. Irgendein Vogel wird schon als Erster das alte Lied anstimmen.

Er gibt einen Befehl, und schon schmilzt der Schnee; er lässt den Frühlingswind wehen, und schon taut das Eis. Psalm 147,18 HFA

Rückkehr der Zugvögel

Der Metzger blinzelt in die Morgensonne und sagt selig: „Was für ein herrliches Wetter wir heute bekommen!" Es klingt, als würde er ein unerwartetes Geschenk erhalten. Die Bäckerin nebenan sagt, als auch ihr die Sonnenstrahlen in der Nase kitzeln: „Blöde Sonne! Nützt ja eh nix, wärmt nicht mal. Es passieren nur eine Menge unnötiger Unfälle wegen dieser blöden, tief stehenden Sonne!" Das ist meine Lektion des Tages, Variante der Geschichte mit dem halb leeren Glas …

Abends, genau in dem Moment, als auch ich gerade zu lamentieren anfange, allerdings deshalb, weil die Sonne untergeht und es schon wieder dämmert, überrascht mich das Leben: Über unser Haus hinweg zieht ein riesiger, nicht enden wollender Schwarm von Wildgänsen, immer weiter Richtung Norden. Und schlagartig dämmert es auch (in) mir: Die Zugvögel kehren zurück! Ich springe zum höchstgelegenen Zimmer des Hauses, um keinen Flügelschlag zu verpassen. Als längst der letzte Vogel aus meinem Blickfeld verschwunden ist, sitze ich immer noch da, das Herz voller Hoffnung.

Die Engländer nennen meine Lieblingsjahreszeit „spring". Das kann ich gut verstehen. Schlägt man die deutsche Übersetzung nach, stößt man auf „Sprung, Satz, Sprungfeder, Federkraft, Elastizität, Triebfeder, Quelle, Ursprung, Frühling, springen, sprießen". Gibt es eine treffendere Wortsammlung für Frühling?

Nicht verpassen möchte ich

das Einsetzen des Tauwetters
die Rückkehr der Zugvögel
das Aufspringen der Knospen
den Aufstieg des Kometen
Nicht verpassen möchte ich
die Flucht der Mächtigen
die Auferstehung der Schwachen
Nicht verpassen möchte ich
den Tag
an dem alle Felder grün
sind von Hoffnung
an dem auf allen dunklen Wegen
Kerzen leuchten
an dem die Menschen
sehen hören und sprechen
den Tag
an dem Steine weich werden

Ich möchte dabei sein

Anne Steinwart

Frühlingsahnen

Wie jedes Jahr halte ich gespannt Ausschau nach den ersten Frühjahrsboten. Die Haselnusswürmchen, die über Nacht an den nackten Sträuchern baumeln, überraschen mich immer zuerst. Dann blüht plötzlich der gelbe Ranunkelstrauch. Aus Erfahrung weiß ich, dass er den Reigen eröffnet, je nach Lust und Laune im März oder April zeigt er unabhängig vom Kalenderstand den wahren Frühlingsanfang an. Hier und da ein Hauch Grün. Die erste Nacht ohne Wärmflasche! Werner entdeckt die männliche Antwort auf den Frühling: Im Gartenmarktprospekt gibt es Häcksler, Grillwagen und Gartenscheren! Über mein Gesicht breitet sich wissendes Grinsen aus. Sofort erinnert sich alles in mir an den Frühling. Da stört es kaum noch, dass der Großteil von Erde, Bäumen und Sträuchern noch kahl ist, dass in den Nächten noch Frost herrscht. Die Zeichen sind unverkennbar!

Eine Amsel, die prächtig durch den Winter gekommen zu sein scheint, macht Frühjahrsputz in einer Pfütze. Weitsichtig benässt sie zuerst ihr Bauch- und Brustgefieder. Sie schaufelt mit den Flügeln Wasser über die Schwanzfedern, lässt es über den Rücken perlen. Am Ende taucht sie mit dem Kopf voran ins kühle Nass und stürzt sich wollüstig in die Fluten. Der Pfützenwasserspiegel schwappt beachtlich. Draufgängerin! Eine Vogeltränke vor dem Küchenfenster wäre eine schöne Idee. Eine immerwährende Einladung für ein Kneipp'sches Ganzkörperbad von Amsel, Drossel, Fink und Star. Ich bekomme Lust, meine Fenster zu putzen. Lust, überhaupt etwas anzupacken. Frühlingsahnen …

Frühlingswehen

*Aber dann kommt der Morgen, der beim Erwachen
einen vagen Duft durch das Fenster hereinwehen lässt,
etwas wie Erde als Luft, ein Geruch, der aus den tiefsten Tiefen
unseres Planeten aufzusteigen scheint …*

Arthur Miller

Ein ungewohntes Geräusch weckt mich aus dem Winterschlaf. Irgendwie kommt es mir bekannt vor. Noch im Halbschlaf weiß ich genau, dass ich es schon einmal gehört habe. Da, wieder! Ein Vogel plärrt an meinem Fenster, immer wieder die gleichen Töne. Es ist eindeutig, dass er mir eine Botschaft mitteilen will! Was schreit er so aufdringlich? Ich öffne das Fenster einen Spalt, um ihn besser zu verstehen: „Frühlingsanfang! Frühlingsanfang!" Er jubiliert und tiriliert ohne Ende.

Frühling! Obwohl lange herbeigesehnt, kommt er dennoch überraschend und wie immer gerade rechtzeitig. Die ersten warmen Sonnenstrahlen sind eine Verheißung. Morgens, bevor der Wecker klingelt, ist es hell. Ich wusste gar nicht mehr, dass es das gibt. Ein erfrischender Morgenwind weht herein. Ich kann nicht mehr schlafen, aber die Luft ist köstlich.

Ich schlage im Duden nach: „Jubel: lauter Ausbruch ungebundener Freude; Fest zur Erinnerung an etwas Denkwürdiges." – „Tirili: Tonwort zur Bezeichnung des Vogelgesangs; Trillern der Vögel wie eine Lerche." Das ist es! Es ist eine Lerche, die da draußen ausflippt, sich vergisst, hemmungslos das neue Leben ankündigt.

„Frühling: Lenz, auf den Winter folgende Jahreszeit, Blütezeit des Lebens, des Geistes."

Geschafft! Ich habe es geschafft! Dieser ewig lange Winter hat mich auch nicht untergekriegt! Ade, ihr langen Nächte, ade, du kahle, schlafende Natur, ade, klirrende Kälte, Heizungsluft, vier Wände und dicke Textilschichten, ade! Seid gegrüßt, ihr hellen, langen Tage! Salve, erwachende Natur, all ihr Blumen, Blätter, Vögel und Bienen! Seid gegrüßt, wärmende Sonne, laue Nächte, Düfte und Klänge, Frühlingssalate und Frühlingskollektion! Auch diese Reifeprüfung ist überstanden!

Wieder habe ich die Aufgabe bewältigt, nachzureifen im Kellerregal des Winters. Kein Wunder, dass ich glücklich bin!

Mach schnell, mein Liebes! Komm heraus, geh mit!

Der Winter ist vorbei mit seinem Regen.

Es grünt und blüht, so weit das Auge reicht.

Im ganzen Land hört man die Vögel singen;

nun ist die Zeit der Lieder wieder da! Hoheslied 2,11-12 GNB

Frühling lässt sein blaues Band …

Stahlblauer Himmel. Die Zweige der alten Trauerweide am Waldpark hüllen sich in zartgrüne Tüllschleier. Als ich den Wald betrete, tauche ich ein in sanften Knoblauchduft. Junge Bärlauchblätter sprießen unter den lichten Bäumen, wecken meine Eichhörnchenmentalität: Essbares sammeln, ja! Ich pflücke ein Sträußchen für den Risotto und freu mich wie eine Gourmetköchin im königlichen Kräutergarten.

Überhaupt sind plötzlich überall kleine Waldblumen, wie ein Augenzwinkern blitzen sie zwischen dem frischen Grün hervor. Glückselig erkenne ich die anmutigen Frühlingsboten wieder: Taubnesseln, Märzveilchen, Ehrenpreis, klitzekleine Vergissmeinnicht und andere, namenlose weben unermüdlich am blauen Band des Frühlings.

Immer schon liebte ich diese Pflänzchen! Ich sehe mich wie heute mit wippendem Faltenröckchen und bunten Helanca-Kniestrümpfen durch taunasses Gras streifen, vorsichtig winzige Blümchen zu einem Strauß bindend, das Herz übervoll mit Liebe für meine Mutter und das Leben. Ich bin ein Frühlingskind. Als kleines Mädchen war es mir eine Ehre, im Frühling Geburtstag zu haben. Mein neues Jahr begann ganz folgerichtig mit neuem Leben um mich herum. Wie oft habe ich seither das Aufbrechen des Frühlings erlebt! Ich mag diesen großen, gleichförmigen Rhythmus der Jahreszeiten, der meine Lebensjahre so zuverlässig umrahmt.

An meiner Wand hängt eingerahmt das Frühlingsgedicht, das Anna als kleines Mädchen auswendig lernte …

Er ist's

Frühling lässt sein blaues Band
Wieder flattern durch die Lüfte;
Süße, wohlbekannte Düfte
Streifen ahnungsvoll das Land.
Veilchen träumen schon,
Wollen balde kommen.
– Horch, von fern ein leiser Harfenton!
Frühling, ja du bist's!
Dich hab ich vernommen!

Eduard Mörike

hasch mich, ich bin der Frühling

Meistens kommt der Frühling peu à peu. Man entdeckt hier mal einen blühenden Baum, zwei Tage später dort einen zweiten. Manchmal kommt der Frühling über Nacht. Als hätte im Himmel jemand einen Schalter umgelegt. Das fühlt sich an, als würde ich plötzlich aus langer Gefangenschaft entlassen. Endlich, endlich keine vier Wände mehr um mich herum, die mir die Sicht versperren und die Geräuschkulisse der Außenwelt von mir abhalten. Endlich frischer Wind um die Nase, endlich springe ich wieder mit der Schubkarre durch den Garten, wandere mit dem Liegestuhl der Sonne hinterher und kann es kaum fassen, wie warm es plötzlich ist.

Herrlich das sanfte Grünen, die bauschigen Blütenwolken in Sträuchern und Bäumen. Frühlingsduft bei jedem Atemzug, rosafarbene Blätter, die leis durch die Luft fliegen. Mit den Blumen blüht auch meine Laune auf. Der flüchtige Rausch von Obstblüten und Düften macht den Frühling zu einer besonders kostbaren Jahreszeit. Alles fühlt sich so richtig an!

Gartenarbeit hat etwas Ausschließliches. Anfangs schweifen meine Gedanken noch durch Raum und Zeit, aber bald lande ich im Hier und Jetzt. Sehr wohltuend.

Mit frischem Elan, guten Vorsätzen und dem fertigen Entwurf im Kopf stürze ich mich in den Garten, froh darüber, wieder ganz unverhohlen in Erde wühlen zu dürfen, mit Wasser zu spielen und mit Farben zu experimentieren.

Meine Freundin findet, Gartenarbeit ist eine Last. Sie benutzt Gummihandschuhe zum Arbeiten. Damit könnte ich auch nicht froh werden. Für mich ist es ein sinnliches Vergnügen, mit bloßen Händen ein Loch in der samtenen Erde zu formen, eine Pflanze hineinzusetzen und sie vorsichtig zu umhüllen. Beim Wässern der Beete mit den Zehen im Schlamm zu graben, den Kopf voller Sandkastenerinnerungen. Herrlich!

Vergrößere dein Zelt! Spann die Zeltdecken weiter aus!
Spare nicht! Verlängere die Seile, und schlag die Pflöcke fest ein!
Denn du wirst dich nach allen Seiten hin ausbreiten.

Jesaja 54,2 HFA

Leichte Zeiten

Dass jetzt wirklich Frühling ist – ich kann es immer noch kaum fassen. Zu sehr steckt mir der Winter noch in den Knochen, zu gegenwärtig sind mir die kahlen Zweige, der graue Himmel, der eisige Wind. Unbezahlbar, wie die Sonne scheint! Heute herrscht meine Lieblingstemperatur.

Anna baut einen Auslauf für die jungen Stallhasen, die in der neuen, nie gekannten Freiheit senkrecht in die Luft springen. Dann stellt sie den Liegestuhl in die Sonne und steckt sich den Kater unter den Pullover. Sein Gesicht blinzelt zum Ausschnitt heraus. Wenn ich ganz still bin, kann ich beide schnurren hören.

Lena legt sich ins Gras, um den Frühling zu riechen. Nur so kann man die Ameisen beobachten, die zwischen den Gänseblümchen herumklettern.

Ich verstehe: Diesen Frühling gibt es nur ein Mal! Sollen wir nicht werden wie die Kinder? Ich lasse den Wäschekorb stehen und sinke in die Hängematte, damit ich sehen kann wie ein Kind. Über mir die Wolken, unter mir die Löwenzahnwiese. Ich mag die kugeligen Pusteblumen mit ihren federleichten Samenfädchen. Welch filigrane Kunstwerke! Ich blase sie an. Mit beneidenswerter Schwerelosigkeit schweben die weißen Flieger seitlich davon.

Meine Oma hat uns ein Stück Land vererbt. Im Laufe der Jahrzehnte ist aus dem ehemaligen Kartoffelacker ein Freizeitgrundstück geworden, wie wir es uns immer gewünscht haben: eine grüne Insel mit Bäumen und Sträuchern, wo wir Obst und Gemüse anbauen und uns gern aufhalten. Auf der einen Seite begrenzt von einer bergenden Hecke, zur anderen Seite hin offen mit weitem Blick in die Landschaft. Für manche Träume braucht es solche Zeiträume. Und Geduld. Und Knochenarbeit.

Ich lasse den Wäschekorb stehen und sinke in die Hängematte, damit ich sehen kann wie ein Kind. Über mir die Wolken, unter mir die Löwenzahnwiese.

Am Abend sitzen wir mit unseren Freunden am Lagerfeuer, die Kinder bauen Zelte auf und spielen im Flutlicht des Traktors Volleyball. Jemand greift zur Gitarre, Chips und Schokolade kreisen. Eingemummt in eine Wolldecke genieße ich zufrieden die vertraute Gemeinschaft. Als unser letztes Lied verklingt, hören wir zartes Gezwitscher. Was hier jubiliert, muss eine Nachtigall sein. Verzaubert lauschen wir ihrem Gesang. Was für ein Wesen, das es fertigbringt, in tiefer Dunkelheit zu jubilieren! Lob aus der Mitte der Nacht. Kein lautes, eher ein verhaltenes Lob. Eine Freundin sagt: „Ich will von der Nachtigall lernen. Glaube ist, ein Loblied zu singen, wenn die Nacht noch dunkel ist!"

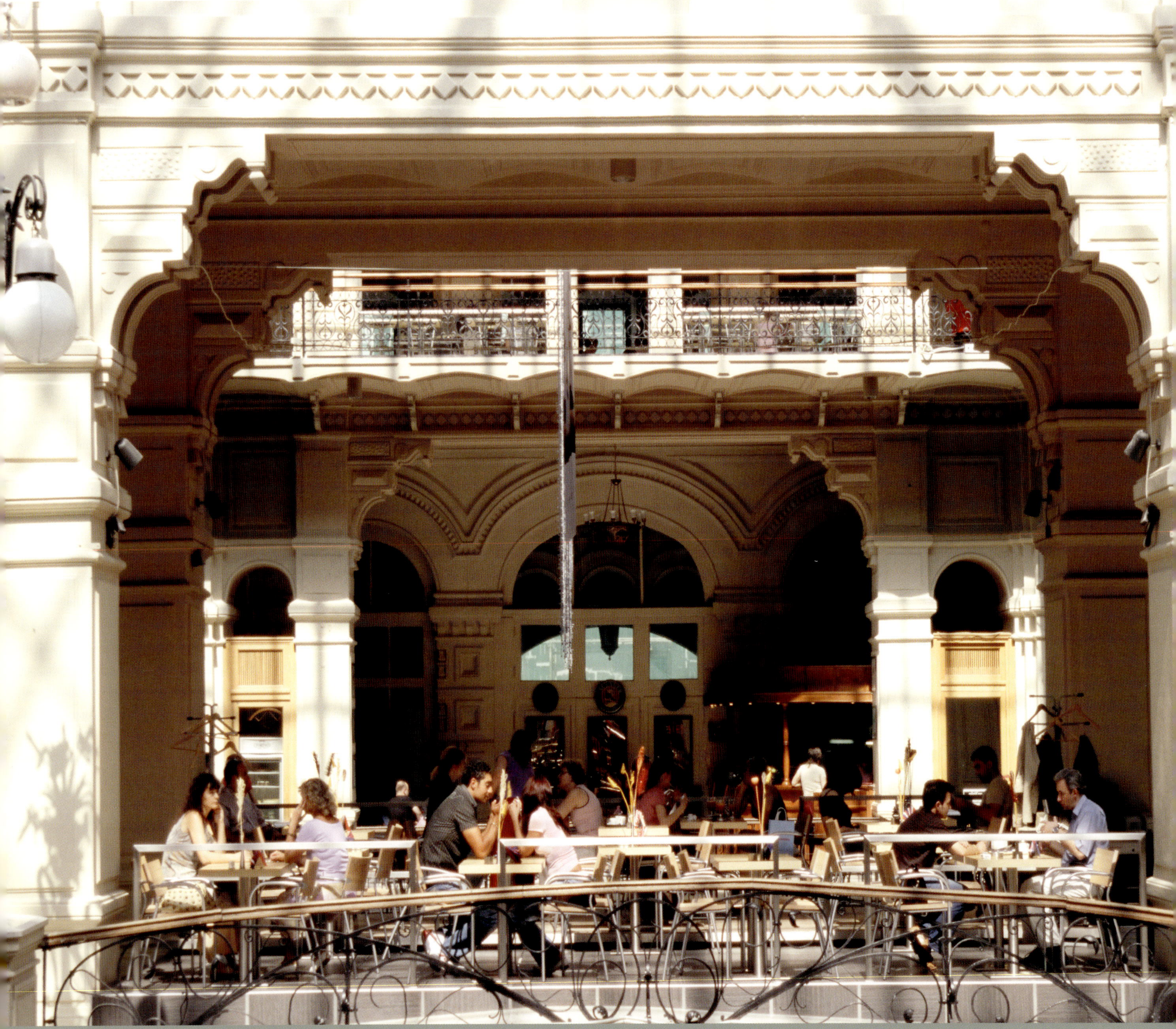

Knallvergnügt

Vor mir liegen Frühling, Sommer und Herbst, drei besonders schöne Jahreszeiten, der Frühling gerade erst angebrochen. Rausgehen und mich ins Leben wagen, das ist meine Sehnsucht.

In der Stadt ist der Bär los. Alles strömt auf die Straße, was einen Grund dazu findet. Ich eröffne für mich die Saison und setze mich für eine kleine Weile in ein Straßencafé. Ich kann noch innehalten!

Erleichtert genieße ich den milden, duftgeschwängerten Frühlingswind und schüttle den letzten Rest Winter aus meinem Fell. So ein wohltemperiertes Wetter, so viel Lebenskraft in mir, von der ich nichts mehr wusste – so viel Aufbruch!

Fünf Männer überqueren den Zebrastreifen. Während sie an mir vorüberziehen, sehe ich, dass alle das Downsyndrom haben. Fünf Eis leckende Männer mit einem sehr zufriedenen Grinsen im Gesicht – das stärkste Bild für Frühling, das ich seit Langem gesehen habe!

Ich bin so knallvergnügt erwacht.
Ich klatsche meine Hüften.
Das Wasser lockt. Die Seife lacht.
Es dürstet mich nach Lüften.

Aus meiner tiefsten Seele zieht
mit Nasenflügelbeben
ein ungeheurer Appetit
nach Frühstück und nach Leben.

Joachim Ringelnatz

Während ich also Frühling tanke, wieder völlig neu begeistert von dem Kreislauf der Natur, der Wiederkehr der knallbunten Farben und der neuen Frühjahrskollektion, während Welle um Welle Glückshormone mich durchströmen und die Zuneigung zu meinem Liebsten sich auf rätselhafte Weise erneuert, ohne dass er etwas dafür tut, kommt mir der Gedanke, dass es auch in der Liebe so etwas wie einen Jahreszeitenkreislauf zu geben scheint. Da gibt es Frühlingszeiten, in denen wir uns wieder frisch ineinander verlieben, ein neues Ja zueinander finden, begleitet von großen Gefühlen. Es gibt die Sommerzeiten des Reifens und Wachsens, geprägt von Arbeit, umrahmt von ruhigen, tragenden Gefühlsgebäuden wie Vertrauen, tiefer Zuneigung und Zusammenhalt. Und Herbstzeiten, in denen Ernte und Loslassen nah beieinanderliegen – Früchte der Liebe ernten; Vorstellungen und Gewohntes loslassen. Und Winterzeiten gibt es, da Kälte uns erstarren lässt, lieb Gewordenes nicht mehr trägt und Leere uns bedroht. Keine ungefährliche Zeit, in der wir die Inbrunst des Frühlings schmerzlich vermissen und uns neu nach Freude, Licht und Jubel des Frühlings, nach Geborgenheit und Sicherheit des Sommers sehnen. Für mich war es Gnade zu erleben, dass nach einem Winter immer wieder ein Frühling kam. Diese Erfahrung gibt mir einen tragenden Grund mit viel Hoffnungsgehalt für Eiszeiten: Kein Grund zur Verzweiflung – Frühling wird kommen!

Der Frühling ist eine echte Auferstehung, ein Stück Unsterblichkeit.

Henry David Thoreau

In der Natur komme ich leichter mit Gott in Kontakt, es ist so naheliegend, überall sehe ich seine Spuren. Daheim bin ich so abgelenkt, sehe ich oft nur die Spuren meiner Familie und der Hundepfoten. Über Nacht hat der Wald sein braunes Kleid abgestreift, sind wie auf ein Kommando Millionen Knospen zu winzigen lindgrünen Blättchen aufgeplatzt. Ich kann keine fünf Meter weit mehr sehen. Auf dem Boden liegt wieder ein taufrischer Teppich von weißen, gelben und violetten Blümchen. Über frisches Grün krabbeln kleine Käfer. Die Baumwipfel sind neu belebt von Eichhörnchen und Vögeln, und ich mit frischer Schaffenskraft und Lebensfreude.

Nicht dass ich das zum ersten Mal erlebe, aber immer durchrieselt mich dabei eine leise Ahnung von der Auferstehungskraft Gottes. Es hat so viel Ermutigendes, wenn sich zarte Pflanzen aus der Dunkelheit durch den Erdboden zum Licht drücken. Wenn die es schaffen, können wir es vielleicht auch schaffen.

Der Frühling ist für mich ein großes Gleichnis für Auferstehung und Neuanfang. Spannung macht sich in mir breit, Vorfreude auf neues Land. Ich bitte Gott, dass er etwas Neues in meinem Leben anfängt. Der nach langem Ausharren am Ende doch immer wiederkehrende Frühling – ein Bild für Gottes Treue und Zuverlässigkeit, das ich gut verstehen kann. Auch wenn es lange dauert, für mein Gefühl fast zu lange – das Leben in der Natur ist nur scheinbar versiegt, es wird wieder sichtbar werden. So fern Gott mir auch manchmal scheint, für mein Gefühl manchmal zu fern – er ist da, wartet unter der Oberfläche meines Alltags.

Unter allen Jahreszeiten gibt es für mich keine tröstlichere als die Zeit, in der die Natur zu neuem Leben erwacht, Sonnenstrahlen endlich wieder wärmen und Vögel aus der Winterstarre auftauen, um lautstark auf Partnersuche zu gehen.

Im Herbst, wenn die alten, staubigen Blätter von Raupen zerfressen sind, modert und welkt der Wald, unausweichlich, vorhersehbar. Aber so sicher wie das Sterben des Waldes ist seine Auferstehung, rechtzeitig zu Ostern. In ihr liegt die Verheißung, dass das Leben immer wieder neu beginnen kann. Mit großem Paukenschlag verkündet der aufbrechende Frühling, dass alles gut werden wird, und in der Intensität dieses Glücks ahne ich etwas von dem Geheimnis, das hinter den Jahreszeiten steckt. Den Frühling kann nur verstehen, wer den Winter kennt. Der Kreis schließt sich im Frühling: Werden und Vergehen. Und Werden!

Gott streut Zeichen seiner Gegenwart in die Landschaft, blühende Bilder der Auferstehung, Ausdruck seiner Freundlichkeit. Gottes Lebenskraft ist erfahrbar. Das Grab ist leer! Lassen wir das Licht und die Hoffnung von Ostern in unsere Karfreitagsdunkelheit hinein.

Hansjörg Ebert

Lebenskunst

Lebenskünstler ist, wer seinen Sommer so erlebt, dass er ihn noch im Winter wärmt.

Alfred Polgar

Wieder vergeht ein Tag vom Konto meines Lebens, ohne dass Spektakuläres geschieht. Nichts Neues unter der Sonne. Das Glück steckt in den kleinen Momenten. Nach der Hitze des Tages durch abgemähte Felder zu unserem Grundstück radeln, tief die frische Heuluft einatmen. Das Glück ist da, als ich in die Hängematte sinke und die Wolkengebilde betrachte, der endlich aufkommende Wind mich sanft hin und her bewegt und in Halbschlaf wiegt. Als Jan sich zu mir kuschelt und sichtlich meine Nähe genießt. Als ich Anna zusehe, die, geschickter als ich es je war, etwas am Auto montiert, mit hochhackigeren Schuhen, als ich sie je trug.

Eine Hummel besucht meine Sonnenblumen. Ich habe gehört, dass sie nach den bekannten Gesetzen der Flugtechnik eigentlich unmöglich fliegen kann, sie ist viel zu schwer für ihre kleine Flügelfläche. Aber die Hummel weiß das nicht. Sie fliegt einfach. Meine Theorie: Sie lässt sich tragen von der Leichtigkeit des Sommers.

Ich bekomme Lust, Blumen zu pflücken. Kornblumen, Glockenblumen, Mohn, Margeriten, Frauenmantel, Hirtentäschel, Wiesensalbei – ich streife über Wiesen und Feldwege, sauge den Duft und die Wärme in mich auf, pflücke den Sommer. Aus meinem Garten füge ich Rosen, Malven und Lavendel dazu, es wird ein herrlicher, altmodischer Sommerstrauß. Leben blüht mir.

Unser Hund Nando fragt, ob wir baden gehen. Schöne Idee! Ich gehe mit ihm an den See, werfe Stöcke ins Wasser und sehe ihm beim Schwimmen zu. Ich amüsiere mich über Kolonien von sieben Millimeter kleinen Fröschlein, die um das Ufer herumhüpfen, alle in derselben Richtung. Es ist schon alles dran, was Frosch braucht – Augen, winzige Fingerchen und Beinchen – obwohl sie noch klein wie Kaulquappen sind. (Wer hat sich eigentlich dieses Wort ausgedacht?) Bei näherem Hinsehen sind längst nicht alle gleich. Manche sind schwarz, manche grau, manche braun.

Heute passieren lauter angenehme Dinge. Noch immer scheint es solche Tage zu geben, an denen auf wundersame Weise alles gut ist. In meinem Kopf ist alles aufgeräumt. Möglicherweise wird es so im Himmel sein: 23 Grad, leichte Brise, Schäfchenwolken, fröhliche Gemeinschaft …

Auch das ist Kunst, ist Gottes Gabe,
aus ein paar sonnenhellen Tagen
sich so viel Licht ins Herz zu tragen,
dass, wenn der Sommer längst verweht,
das Leuchten immer noch besteht.

Verfasser unbekannt

Herr aller Herrscher, Schöpfer aller Dinge, Gott der Sonne und des Regens,
du hast die Erde durch einen Gedanken und uns durch deinen Atem geschaffen.
Herr, wir haben die Ernte eingebracht.
Durch deine Gnade kam Segen über Segen auf unser Land.
Dein Lob steigt in uns auf wie ein großer Fluss.

aus Afrika

Erntefieber

Der August ist der schenkfreudigste aller Sommermonate.

Karl Foerster

Lichter Schatten macht mich glücklich. Der Biss in einen reifen Pfirsich macht mich glücklich. Hier auf meinem Lieblingsplatz im Schatten zu sitzen, dem Konzert von Grillen und Tauben zuzuhören, Sommerwind auf meiner Haut zu spüren – das ist Glück.
Ich balge mit dem Hund um seinen Stock, staune über eine Handvoll Regentropfen aus heiterem Himmel und den doppelten Regenbogen über dem Bach, genieße die Sonnenblumenfelder, den weiten Horizont. Ich denke an Oma, die hier mit ihrer Hände Arbeit vier Töchter, Schwiegereltern und das Vieh ernährte, und pflücke einen Petersilienstrauß für meine Mutter. Selbstgespräche murmelnd wühlt sich meine Schwiegermutter zufrieden durch ihre Beete, die immer eine Idee gepflegter aussehen als meine. Werner dreht eine Runde mit dem Traktor, Anna lässt sich auf Inlinern mitziehen. Lena fährt Jan im Schubkarren spazieren.

Die erste Zucchini ist ein Fest. Die nächsten Tausend sind eine Epidemie. Zucchini in verschiedenen Reifephasen, die kleinen zum Dünsten, die mittleren zum Füllen, die Riesen für die Hühner. Ich beherrsche mindestens sieben köstliche Zucchinirezepte und freue mich auf jedes. Ich geize Tomaten aus (noch so eine seltsame Wortschöpfung), jäte drei Tonnen Unkraut, finde dabei die Roten Beten wieder. Jede Menge Kräuter. Ich ernte Kohlrabi zum Einfrieren für Jans Lieblingspfannkuchen im Winter. Und Bohnen, drei Eimer voll, damit es mir morgen nicht langweilig wird. Überhaupt fällt jetzt die Ernte immer eimerweise aus: Johannisbeeren, Möhren, Pflücksalat – feierabendbäuerliche Hochsaison! Ich weiß gar nicht, was wir zuerst essen sollen. Grüne Lauchstängel, knallrote Tomaten, violette Auberginen, orange leuchtende Kürbisse in Faust- bis Kamelkopfgröße – Kellerregale und Kühltruhe füllen sich mit Schätzen für den Winter. Viel Gesumm ist in der Luft und in mir summt die zufriedene Seele einer Hausfrau aus Leidenschaft, zumindest heute …

Der dümmste Bauer hat die größten Kartoffeln – endlich verdienen wir diese Auszeichnung! Dies wird der erste Winter seit zehn Jahren sein, an dem ich mir nicht die Finger wund schnippele beim Schälen winzigkleiner Biokartöffelchen! Bei jedem Heben eines Kartoffelstocks freue ich mich lautstark über die herauspurzelnden Riesen. Es ist ein Fest, verglichen mit den schweigenden Kartoffelernten der Vergangenheit. Die Kinder verdienen sich als Tagelöhner Ernteged. Jan schreit: „Halt! Da ist noch eine ganz große!", und hält stolz eine Riesenkartoffel hoch. Sie guckt ihn aus glasigen Augen an, macht „Quak!" und springt in weitem Bogen von seiner Hand. Wir lachen uns krumm und füllen Korb um Korb mit Kartoffeln, die die Kröten widerwillig aus der lockeren, duftenden Erde freigeben.

Auch in den kommenden Wochen überreicht Werner mir verschwitzt, verstaubt und strahlend jeden Abend einen Strauß Gemüse, den ich Glückliche wie einen Armvoll Rosen entgegennehme und in tiefer Dankbarkeit verarbeite. Alle Frauen würden mich beneiden.

Übersommern

Die Tage sind lang und still und gehen langsam in vielen Dämmerungen aus.

Rainer Maria Rilke

Am Abend kommt ein kleines Gewitter auf. Werner schläft seit Stunden eingemummt in der Hängematte. Irritiert über die klimatische Störung richtet er sich auf, um ins Haus zu fliehen. Seinen Schlafsack fest um sich gehüllt, erhebt er sich ächzend, eine Mischung aus mittelalterlichem Mönch und ägyptischer Mumie. Der Hund, entsetzt über den Fremden, der da plötzlich in seinem Garten aus einer Ecke auftaucht, aus der er keinen erwartet hätte, erstarrt und verwandelt sich dann zu einem ängstlichen, zähnefletschenden Wachhund. Todesmutig verbellt er sein vermummtes Herrchen, das in gebeugter Haltung auf ihn zupirscht, in hämischer Vorfreude auf das, was gleich kommen wird. Nando der Große weiß nicht, ob er zurückweichen oder angreifen soll. Plötzlich outet sich Werner als Schaf im Wolfspelz, wirft den Schlafsack von sich und ruft: „Ich bin's, du Depp!" und Nando fällt zusammen vor Verblüffung und Beschämung. Es ist ihm todpeinlich. Er jault und rast vor Aufregung fünf Runden durch den Garten, kriecht dann mit angelegten Ohren zu seinem Chef, um sich zu entschuldigen. Armer Junge ...

Wir haben einen herrlichen Sommer. Nicht zu heiß. Hin und wieder ein moderates Gewitter. Immer mal weht eine Brise. Mit den Mücken geht es auch. Ich wusste gar nicht mehr, dass der Sommer so angenehm sein kann.
Längste Tage, zirpende Nächte, Rotweinstunden. Werde den Mönch mit einem stilvollen Abendessen überraschen. Blumen, Kerzen und die Tischdecke aus Frankreich machen aus dem Platz im Freien einen Sommerwohnraum. Leicht fühlt sich das Leben an.

So oft es geht, sitze ich draußen. Ich tue nichts. Zumindest nichts Handfestes, Sichtbares. Ich tue schon etwas. Ich fühle den Wind, rieche den Jasmin, beobachte die Mücken beim Tanzen und die Spatzen, wie sie im Efeu herumtrudeln. Ich labe mich an Rotwein und Tomaten mit Mozzarella, lausche den Fröschen der umliegenden Teiche und dieser unbeschreiblichen Mischung aus Gezirpe, Gezwitscher, Gezeter und Geraschel. Mit allen Sinnen tauche ich ein in den Sommer. Als alles längst schläft, sitze ich noch lange im Garten.

Juni-Psalm

Herr
Es gibt Leute die behaupten
Der Sommer käme nicht von dir
Und begründen mit allerlei und vielerlei Tamtam
Und Wissenschaft und Hokuspokus
Dass keine Jahreszeit von dir geschaffen
Und dass ein Kindskopf jeder
Der es glaubt
Und dass noch keiner dich bewiesen hätte
Und dass du nur ein Hirngespinst
Ich aber hör nicht drauf
Und hülle mich in deine Wärme
Und saug mich voll mit Sonne
Und lass die klugen Rechner um die Wette laufen
Ich trink den Sommer wie den Wein
Die Tage kommen groß daher
Und abends kann man unter deinem Himmel sitzen
Und sich freuen
Dass wir sind
Und unter deinen Augen
Leben

Hanns Dieter Hüsch

Barfüßigkeit

Barfuß gehen ist gut für die Seele, hat Dustin Hoffman gesagt. Ich bin jemand, den man an solch lapidare Wahrheiten erinnern muss. Es geht sich auch gut in Sandalen … Es geht sich besser barfuß. Ich fühle weiches Moos, kitzelnde Grashalme, warmen Sand, der nachgibt; trockene Erde, die standhält; blubberndes Wasser beim Gießen der Tomaten. Neben meinen Händen sind auch meine Füße mit einem ausgeprägten Tastsinn ausgestattet, die Welt zu erspüren.

Über die Erde

Über die Erde
Sollst du barfuß gehen.
Zieh die Schuhe aus,
Schuhe machen dich blind.
Du kannst doch den Weg
mit deinen Zehen sehen.
Auch das Wasser
und den Wind.

Sollst mit deinen Sohlen
die Steine berühren,
mit ganz nackter Haut.
Dann wirst du bald spüren,
dass dir die Erde vertraut.

Spür das nasse Gras
Unter deinen Füßen
Und den trockenen Staub.
Lass dir vom Moos
Die Sohlen streicheln und küssen
Und fühl
Das Knistern im Laub.

Steig hinein,
steig hinein in den Bach
und lauf aufwärts
dem Wasser entgegen.
Halt dein Gesicht
Unter den Wasserfall.
Und dann sollst du dich
In die Sonne legen.

Leg deine Wange an die Erde,
riech ihren Duft und spür,
wie aufsteigt aus ihr
eine ganz große Ruh'.
Und dann ist die Erde
Ganz nah bei dir,
und du weißt:
Du bist ein Teil von allem
und gehörst dazu.

Martin Auer

Sinn-voll

In der Innentür meines Küchenschranks entdecke ich ein vergilbtes Blatt Papier aus vergangenen Zeiten. Darauf steht in verschnörkelten Buchstaben ein altes Sommergedicht. Ich habe es lange nicht mehr beachtet. Leise taucht eine Ahnung in mir auf. So ein Grillenzirpen, ein Duft wie bei einem schweren Sommerabendregen, winzig blaue Unkrautblümlein. Das Gedicht trägt Lenas Handschrift. Ich sehe sie vor mir, wie sie es mit ihrer linken Hand hinmalte, wie sie es wieder und wieder mit ihrer weichen, vollen Stimme voller Pathos vortrug. Ich weiß wieder, wie sich das Leben als achtjähriges Mädchen anfühlt. Lena war wie dieses Gedicht. Sie ließ die Worte wie einen schaumig geschlagenen Vanillepudding auf ihrer Zunge zergehen. Mit ihrem porentiefen Erleben hat sie mir ein Stück Kindheit zurückgeschenkt, wenn ich in meinem Erwachsenendasein zu vertrocknen drohte.

Noch mehr Erinnerungen kommen an die Oberfläche. Lena soll die getrockneten Zwiebeln aus dem Schopf holen, damit wir sie zu Zöpfen flechten können. Aus der Hundehütte dringt zärtliches Gemurmel. Dass er sie da reinlässt! Guter Hund. Ich frage sie, ob sie das öfter macht. „Ja!" – „Stinkt es da nicht fürchterlich?" – „Nein, da riecht es nur nach Hund!"

Der ersehnte Urlaub an der Nordsee ist da, aber es regnet. Während ich fröstle, rüstet sich Lena, um im Meer zu baden. Mich braucht sie dazu nicht mehr, sie hat genug Kraft in sich. Ich gebe zu bedenken, dass es ziemlich ungemütlich sein wird. Lena seelenruhig: „In mir ist es totaaal gemütlich! Du müsstest mal meinen Körper haben, um zu fühlen, wie ich das Leben fühle! Und um zu spüren, wie das ist, egal bei welchem Wetter in den Wellen zu baden!"

Weißt du, wie der Sommer riecht? Nach Birnen und nach Nelken,
nach Äpfeln und Vergissmeinnicht, die in der Sonne welken,
nach heißem Sand und kühlem See und nassen Badehosen,
nach Wasserball und Sonnencreme, nach Straßenstaub und Rosen.

Weißt du, wie der Sommer schmeckt? Nach gelben Aprikosen
und Walderdbeeren, halb versteckt zwischen Gras und Moosen,
nach Himbeereis, Vanilleeis und Eis aus Schokolade,
nach Sauerklee vom Wiesenrand und Brauselimonade.

Weißt du, wie der Sommer klingt? Nach einer Flötenweise,
die durch die Mittagsstille dringt, ein Vogel zwitschert leise.
Dumpf fällt ein Apfel in das Gras, ein Wind rauscht in den Bäumen,
ein Kind lacht hell, dann schweigt es schnell und möchte lieber träumen.

Ilse Kleberger

Sommerregen

Zu fortgeschrittener Stunde. Die Luft immer noch sommerlich lau, und immer noch keine Dämmerung in Sicht. Wir nehmen die Fahrräder und erscheinen als letzte Gäste in unserem Lieblingsbiergarten. Der Wirt lässt Gnade walten, bringt französischen Rotwein und kratzt eine Kleinigkeit zu essen zusammen.

Den Wein genießen, als wäre es der letzte. Alles, was uns bewegt, im Gespräch noch einmal zusammenbringen. Dankbar auf unser Leben sehen, was leicht gelingt bei Wohlfühltemperatur unter Sternen. Vor lauter Reden gar nicht bemerken, wie Regenwolken aufziehen. Nach einer Welle von Hundstagen, an denen wir schon vormittags alle Fenster und Türen geschlossen hielten, nieselt es plötzlich leis. Der Geruch frisch beregneter Erde. Wir rücken unter dem großen Sonnenschirm zusammen.
Ein angenehmer Wind kommt auf. „Ich liebe die Leichtigkeit des Sommers!", sage ich, und leicht wie der Wind machen wir uns auf den Heimweg.
Auf halber Strecke donnert es und im selben Augenblick fallen die ersten schweren Tropfen. Wir hätten es wissen müssen …
Nie und nimmer werden wir es schaffen, trocken nach Hause zu kommen. Wir ergeben uns, nass bis auf die Haut. Ich fahre durch tiefe Pfützen und muss laut lachen.

Daheim hülle ich mich in eine Decke und lege mich in die Hängematte unter dem Dach der Veranda. Neben mir prasselt der Regen nieder. Ich atme tief die frische Luft ein, lausche dem monotonen Rauschen und genieße die herrliche Erfrischung. Als der letzte Tropfen gefallen ist, lege ich mich unter den blank gewaschenen Sternenhimmel und sauge mich voll mit Sommer. Leben gefällt mir!

„Ich liebe die Leichtigkeit des Sommers!", sage ich, und leicht wie der Wind machen wir uns auf den Heimweg.

Urlauben

Frühstück unter Olivenbäumen bei Avignon. Allein schon dieser Name … Ein Duft von wundervoll Unbekanntem streift mich. Das Licht ist heller, die Luft wärmer, meine Stimmung 180 Grad besser als daheim! Jetzt erkenne ich den Geruch: Zitronenthymian und Lavendel. Die Fahrt geht weiter und die Landschaft des Südens öffnet sich vor meinen Augen, wird geräumiger, blauer. Wir fliegen vorbei an Kreidefelsen und Wildwasserflüssen. Auf einmal glaube ich zu wissen, dass ich im Himmel fliegen werde.

Am dritten Tag hat sich die Anstrengung von Packen und Fahren schon gelohnt. Am fünften Tag vergesse ich mein Zuhause. Ab dem zehnten Tag kann ich mir nicht mehr vorstellen, jemals wieder abends früh ins Bett zu gehen, um morgens früh zu funktionieren. Ich entspanne mich von Tag zu Tag. Verschwende keine Gedanken mehr an die Dringlichkeiten zu Hause, kümmere mich nur um mich und meine Nächsten. In dieser Ausschließlichkeit liegt das Geheimnis von Erholung für mich. Urlaub – eine so lange Auszeit, dass ich wirklich loskomme vom Alltag. Ich liebe diese Gespräche, bei denen es nicht darum geht, Organisatorisches abzustimmen und Alltagsprobleme aufzuarbeiten. Nein, wir reden über Wesentlicheres, über das Wetter, Gott und die Welt, Land und Leute, über uns. Endlich mal wieder Zeit, um alles zu bereden, was sich so angesammelt hat. Streiten, bis alles geklärt ist. Manchmal verliebe ich mich dabei neu in diesen Typ mit dem Dreitagebart. Er ist viel charmanter und aufmerksamer, witziger und entspannter als der Mann, der abends unser Haus heimsucht. Vielleicht liegt es an dem Geschirrtuch, das er ungewohnterweise in der Hand hält. Braun gebrannt, in lässiger Freizeitkleidung, immer einen witzigen Spruch parat, immer bereit, meine Scherze mit einem heiteren Lachen zu belohnen – sehr anziehend! Urlaub tut unwahrscheinlich gut. In jeder Beziehung. Auch in unserer.

Wir wandern die Felsenküste entlang und landen in einer sonnendurchfluteten Sandbucht. Schnorcheln im kristallklaren Wasser, picknicken an einer lauschigen Stelle, wo die Wellen sacht auslaufen, Sonnenuntergang, Lagerfeuer, Gesang. Wir bauen ein Windspiel aus Treibholz, Muscheln und geschliffenen Glassplittern. Darin tönen leis die Urlaubstage.

Mondnacht

Es war, als hätt der Himmel
Die Erde still geküsst,
Dass sie im Blütenschimmer
Von ihm nun träumen müsst.

Die Luft ging durch die Felder,
Die Ähren wogten sacht,
Es rauschten leis die Wälder,
So sternklar war die Nacht.

Und meine Seele spannte
Weit ihre Flügel aus,
Flog durch die stillen Lande
Als flöge sie nach Haus.

Joseph von Eichendorff

Zweisam

Nicht mehr als ein, zwei Kleidungsstücke auf dem Leib tragen – luftiger Hochgenuss im Pippi-Langstrumpf-Stil: Erlaubt ist, was zu meinen Sommersprossen passt. Inbegriff von Sommer. Der Rasensprenger läuft mit dem Ventilator um die Wette. Eine Zucchiniwelle folgt der anderen. Die Kinder sind auf dem Zeltlager und wir haben plötzlich Zeit für Spontaneität und Nähe. Wir frühstücken in der Altstadt unter uralten Kastanien im Straßencafé. Spätabends radeln wir wie früher durch den Wald zu einem kleinen versteckten See. Es riecht nach warmen Tannennadeln. Wir träumen in einer Bucht unter Silberweiden, die im Wind rauschen, sehen den jagenden Wolken zu. So lange leben wir unser Leben schon gemeinsam, und immer noch liebe ich diesen Mann so sehr. Aus diesen Stunden möchte ich leben in den Tiefen des Winters.

Es macht Spaß, mit Nando zu baden. Aufgeregt schwimmt er neben uns im türkisfarbenen Wasser, mit seiner sanften Art immer darauf bedacht, alles richtig zu machen. Die Dämmerung kommt spät, gemeinsam mit den Glühwürmchen, die zum Freilichtkonzert des großen Grillenorchesters tanzen. Ein guter, langer Sommertag!

Sommerfrische

Zupf dir ein Wölkchen aus dem Wolkenweiß,
Das durch den sonnigen Himmel schreitet.
Und schmücke den Hut, der dich begleitet,
Mit einem grünen Reis.

Verstecke dich faul in die Fülle der Gräser.
Weil's wohltut, weil's frommt.
Und bist du ein Mundharmonikabläser
Und hast eine bei dir, dann spiel, was dir kommt.

Und lass deine Melodien lenken
Von dem freigegebenen Wolkengezupf.
Vergiss dich. Es soll dein Denken
Nicht weiter reichen als ein Grashüpferhupf.

Joachim Ringelnatz

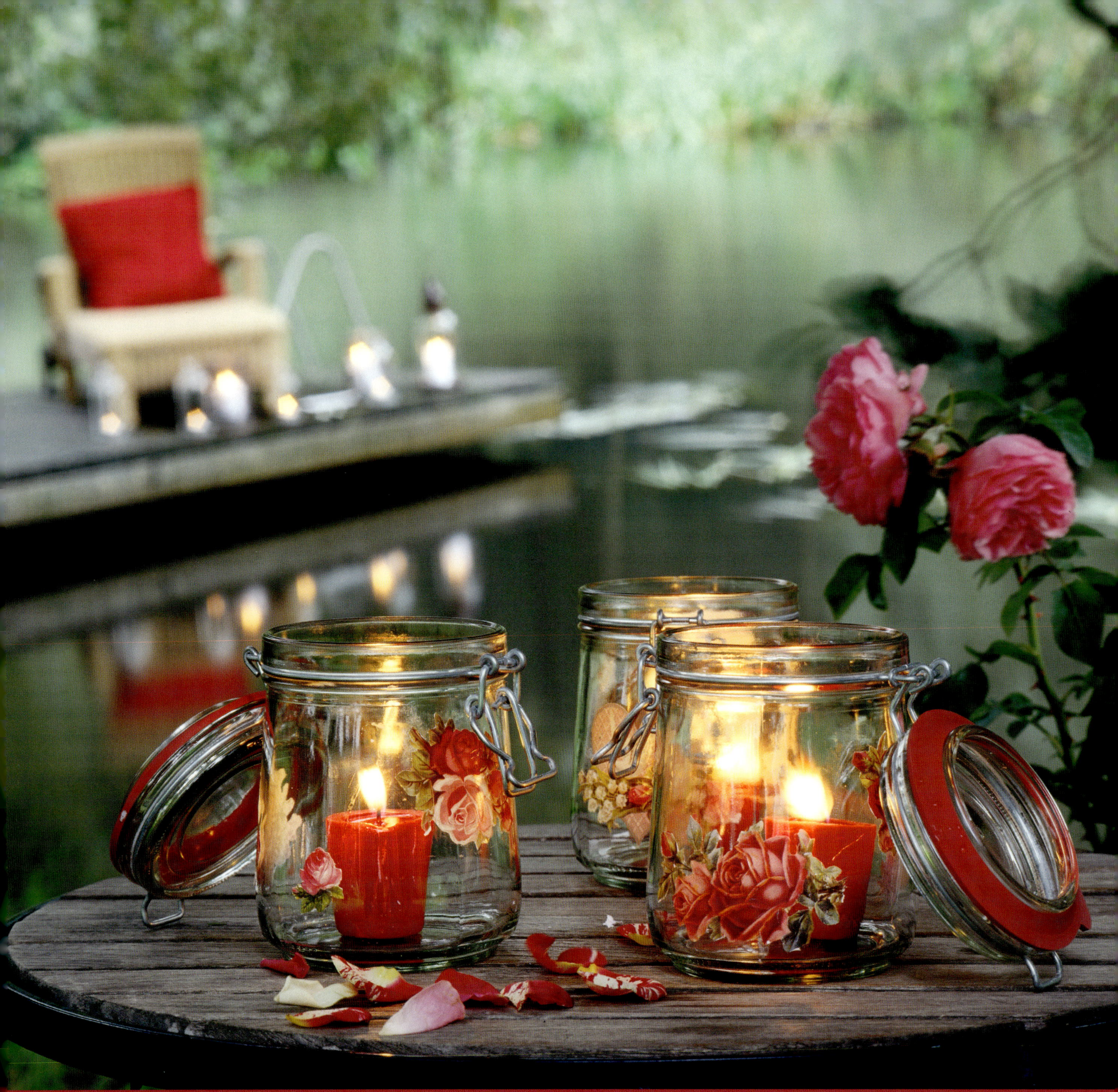

Der Sommer sagt Adieu mit einem Kuss

Die Schwalben lernen fliegen, der Sommer reift unaufhörlich seinem Ende entgegen, bereits jetzt sind die Tage spürbar kürzer. Alles fühlt sich zwar noch an wie Sommer, aber abends wird es manchmal kühler. Ich laufe mit dem Hund über abgemähte Wiesen, tauche ein in den kühlen, schattigen Wald. Neue Gerüche empfangen mich. Schräg scheinen Sonnenstrahlen durch die Baumwipfel.

Ich verdanke Nando viel. Eingebettet in den Rhythmus der Jahreszeiten bin ich ständig in Berührung mit Wind und Wetter, Kälte, Wärme und Hitze, mit Geräuschen und Gerüchen. So viele sinnliche Reize, die ich innerhalb meiner vier Wände nicht erlebe. Tag für Tag sehe ich, wie sich die Natur in kleinen Spuren wandelt. So wie ich. Diesen Kreislauf von Werden und Vergehen und Werden zu erleben hat etwas Bodenständiges, Sinnvolles.

Auch bei uns war noch eine Sommerwoche, ich war noch einmal im See. Es war alles so blank, so rein gewaschen, so klar. Ich habe das Gefühl, in dieser Jahreszeit sind meine Sinne schärfer, wacher. Unendlich viele Gedanken sind sortiert. Es liegt aber auch immer wieder ein Hauch von Abschied, von Traurigkeit über dem Ende des Sommers, die Wehmut, wieder loslassen zu müssen. Diese Jahreszeit sauge ich ein mit allen Poren, sie ist die Erfüllung. Wie das Bild einer schönen Frau auf der Höhe des Lebens, mit den gelassenen Zügen des Wissens, der Machtfülle und dem rosenhaften Hauch von Schwermut, dem stillen Ergebensein in die Vergänglichkeit. Abschiedlich leben – um die Vergänglichkeit wissen, aber dennoch leben, lieben, es als kostbar betrachten, dieses Leben.

Cornelia Gorenflo

Es septembert

Herbstwehen. Mit Unbehagen beobachte ich, wie schnell die Tage kürzer werden. In der morgendlichen Dunkelheit stehe ich schwerer auf. Dafür liebe ich abends mein kuscheliges Bett umso mehr. Mein Leben spielt sich wieder vermehrt drinnen ab. Daran muss ich mich erst gewöhnen. Rückzug. Welch ein Anker, zu wissen, dass in einigen Monaten wieder alles von vorne beginnt.

Anstelle der Sommerpflanzen blühen nun Herbstblumen. Sie erzeugen eine neue Atmosphäre, erdiger, gedämpfter. Ich pflanze Erika und Chrysanthemen in Kübel gegen die nahende Herbstmelancholie. Und zum Glück gibt es die Astern. Mit ihnen kehrt noch einmal Leben in den Garten zurück, hohe bunte Leuchtfeuer. Überhaupt scheint es plötzlich noch einmal Frühling im Herbst zu sein, wie ein trotzig entschlossenes Aufbegehren gegen das unvermeidliche, endgültige Verblühen. Der frühe Herbst ist eigentlich eine schöne Zeit. So schön wie das Frühjahr. Nur wehmütiger – nicht aufbrechend, sondern auslaufend.

Es gibt nur noch einen Flecken im Garten, wohin nachmittags eine halbe Stunde lang die Sonne scheint. War ich nicht eben noch am Meer? War nicht eben noch Mai? Loslassen, ich muss auch diesen Sommer loslassen. Trübsinnig sitze ich in meinem Nordzimmer. Werner ist auf dem Acker. Er ruft an: „Kommst du zu mir? Drinnen sterben die Menschen! Hier draußen ist es wunderschön! Bringst du mir etwas zu essen mit? Und meine Astschere? Und die Baumsäge?" Ich überlege, schalte den Computer aus. Ich mag das flache Land vor den Hügelketten am Horizont. Es lässt dem Himmel so viel Platz. Es klingelt wieder: „Und einen Innensechskant von der Werkbank?" Ich höre Lagerfeuer knistern und mache mich auf den Weg.

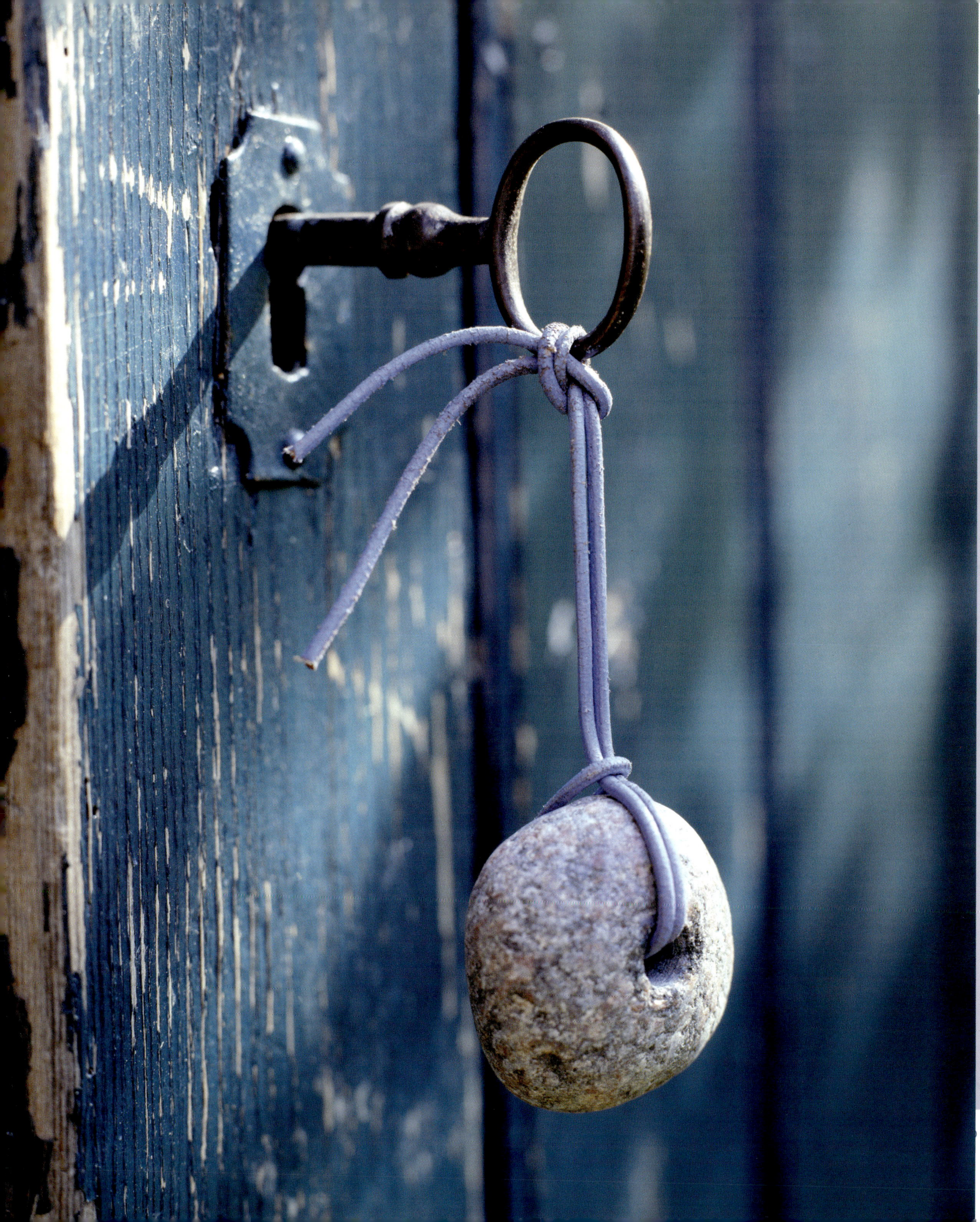

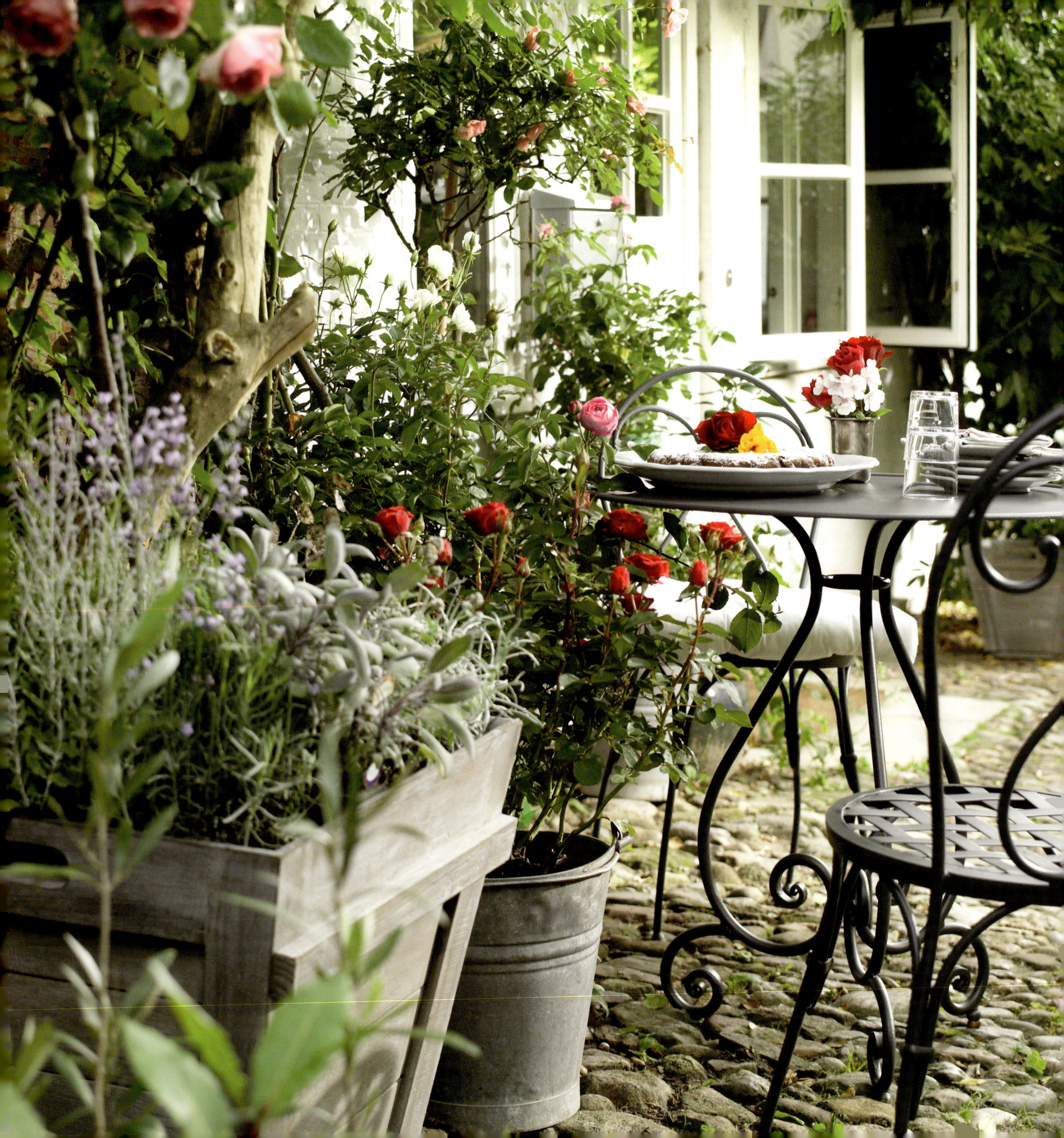

Herbstzeitlos

Die letzten wärmenden Sonnenstrahlen. Der letzte Schmetterling. Die letzte Rose – unendlich kostbar. Sie setzen der Schwermütigkeit des Herbstes Gottes großes Dennoch entgegen. Herbstregen, etwas dichter als Nebel, sinkt nieder. Ganz leise zwitschern Vögel. Ab und zu sammelt sich Wasser auf den Blättern und tropft herab. Meine Seele ist voll Sommer bis an den Rand.
Und wieder glüht die Hauswand rot in vergänglichem Herbstlaub. Der altbekannte Abschied verschwimmt mit den vorangegangenen. Und während um mich herum der Kreislauf des Lebens sich mit scheinbarer Unveränderlichkeit wiederholt, verändere auch ich mich unmerklich.

Dies ist ein Herbsttag, wie ich keinen sah!
Die Luft ist still, als atmete man kaum,
und dennoch fallen raschelnd, fern und nah,
die schönsten Früchte ab von jedem Baum.

O stört sie nicht, die Feier der Natur!
Dies ist die Lese, die sie selber hält,
denn heute löst sich von den Zweigen nur,
was vor dem milden Strahl der Sonne fällt.

Friedrich Hebbel

Herbsten

Ich bin zum Herbsten eingeladen, Höhepunkt im Leben eines befreundeten Weinbauern. Es tut gut, unter dem weiten Wolkenhimmel zu stehen und zusammen mit fröhlich pfeifenden Menschen saftige reife Früchte abzuschneiden. Zuber um Zuber füllt sich mit schweren, süßen Trauben, auf deren Wein ich mich heute schon freue, ich kenne keinen besseren. Schon lange hat mir ein Essen nicht mehr so gut geschmeckt wie das deftige Picknick nach getaner Arbeit im Kreis der Freunde.

Herbsttag

Herr: es ist Zeit. Der Sommer war sehr groß.
Leg deinen Schatten auf die Sonnenuhren,
Und auf den Fluren lass die Winde los.

Befiehl den letzten Früchten voll zu sein;
gib ihnen noch zwei südlichere Tage,
dränge sie zur Vollendung hin und jage
die letzte Süße in den schweren Wein.

Wer jetzt kein Haus hat, baut sich keines mehr.
Wer jetzt allein ist, wird es lange bleiben,
wird wachen, lesen, lange Briefe schreiben
und wird in den Alleen hin und her
unruhig wandern, wenn die Blätter treiben.

Rainer Maria Rilke

Gott hat die Erde durch einen Gedanken geschaffen. Er hat die Sonne auf sie scheinen lassen. Der Regen hat den Boden bewässert. Einen Frühling lang haben wir ausgesät, gehegt und gepflegt. Ein Sommer voller Kampf gegen Trockenheit, Unkraut und Ungeziefer liegt hinter uns. Wir haben die Ernte eingebracht und die Amseljungen sind dick genug für ihren ersten Winter. Das Jahr reift unaufhörlich seinem Ende entgegen. Ich blicke zurück auf viele gute Tage, froh über meine Vorräte für den Winter, dessen Herannahen mich mitunter erschaudern lässt.

Mein Lebenstempo verlangsamt sich allmählich wieder. Im Haus warten stapelweise vielversprechende Bücher auf mich, daneben Fotos voller Leben satt, ein leeres Album. In meinem Tagebuch füllen sich die Seiten. Erntezeit.

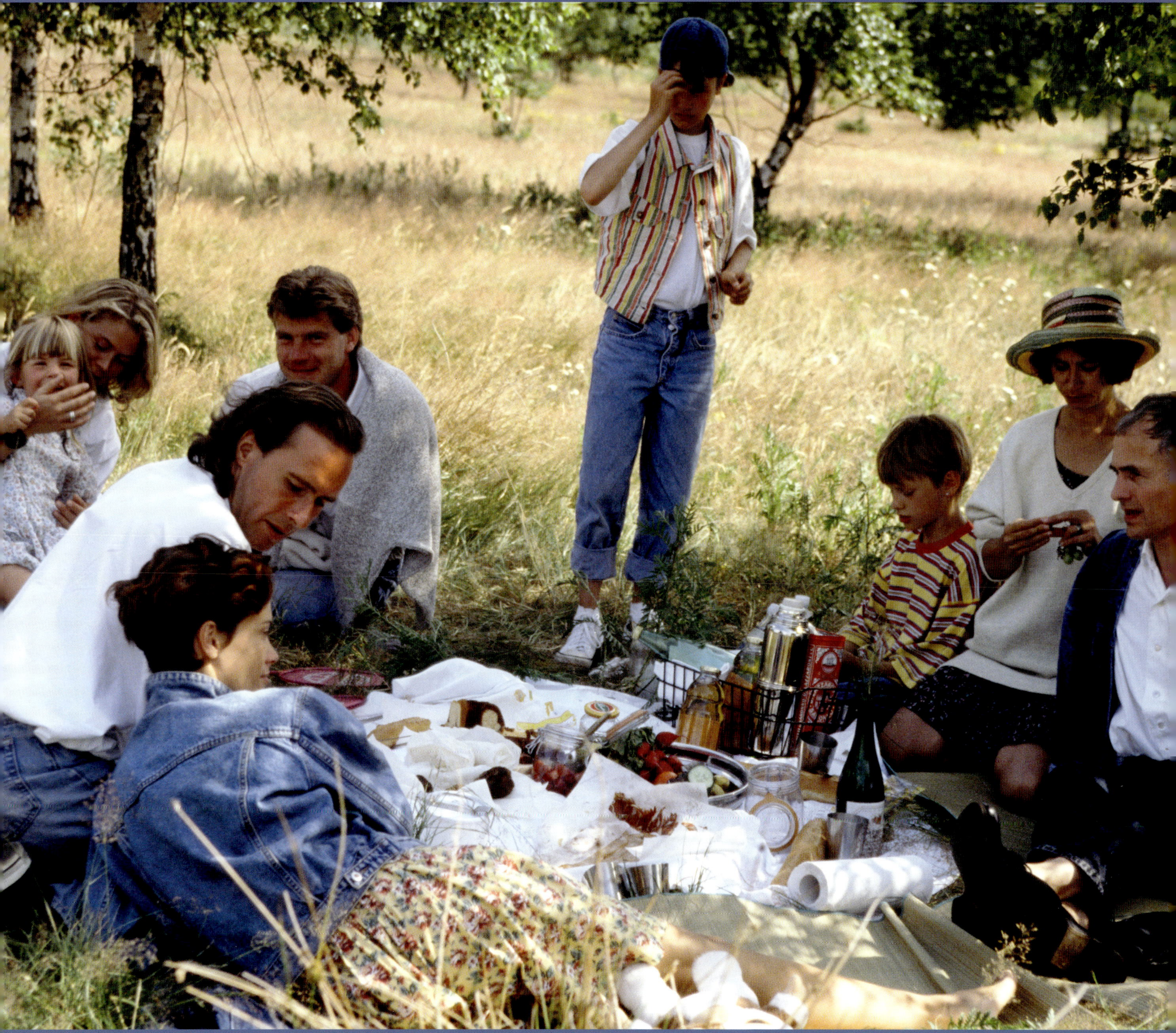

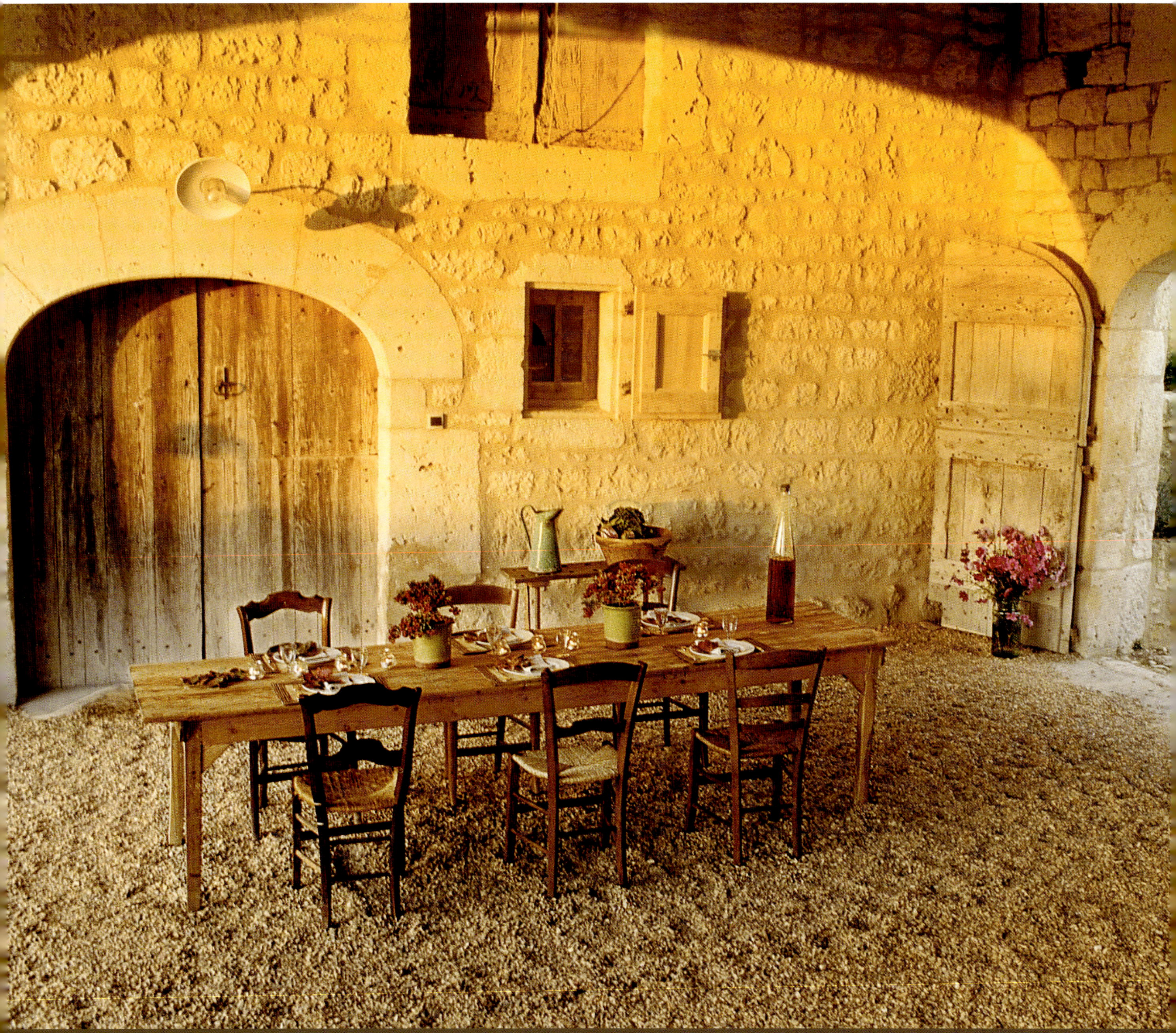

Lamentarium

Die Morgensonne lenkt meinen Blick in den Garten. Über taunassem Gras schwebt Bodennebel. Es riecht nach feuchter Erde, Pilzen und moderndem Fallobst. Wehmütig betrachte ich die morbide Schönheit des welkenden Gartens. Habe ich denn schon genügend Licht und Wärme getankt, wird die Kraft für den Winter reichen? Herbstmelancholie …

Die Vegetation zieht sich unter die Erde zurück und wir Menschen hinter Mauern. Noch habe ich keine Ahnung, wie ich das nächste Halbjahr überstehen soll. Ich bin so gern nah bei den Elementen. Ich liebe es, unter freiem Himmel zu leben, den Wind zu spüren.

Ich hatte noch nie etwas gegen den Wechsel der Jahreszeiten. Wenn man mal vom Winter absieht. Aber jeden Herbst überfällt mich die Wehmut der Wissenden. Es war doch gerade erst Frühling. Ich habe doch den Sommer noch gar nicht richtig ausgekostet! Ich fürchte die kurzen Tage, den Rückzug nach innen, die Enge. Nicht schon wieder … Jedes Mal dieselben Umstellungsschwierigkeiten, die sich mit Kribbeln im Bauch ankündigen, sobald ich im Haus eingesperrt bin. Bis ich mich allmählich wieder daran gewöhne und mich mit dem zweiten Halbjahr versöhne.

Trotz meines Widerwillens gegen die dunkle Jahreszeit kann ich ihr doch hin und wieder etwas Gutes abgewinnen. Tapfer erinnere ich mich: Rückten nicht die Menschen in der Kälte näher zusammen? Traf man sich nicht in diesen gemütlichen, warmen Räumen, wo Hund und Katze vor dem Feuer kauerten? War das nicht die Zeit, in der wir die Dunkelheit mit Kerzenschein vertrieben? In der wir Musik hörten, tanzten und spielten? Bilder tauchen in mir auf – Kaminstunden, tiefer Schlaf unter schweren Daunendecken, Quiche Lorraine, heiße Schokolade, Loriotfilme und Rosmarinbäder … Ich sammle Worte gegen den Herbstblues, biete ihm mit bodenständigen Bildern die Stirn. Wenn es gelingt, kann sich ein gutes Herbstgefühl einstellen. Ich denke an gesellige Abende in Kinos und Kneipen, dicke Bücher, duftenden Tee, kreative Stunden, warme Farben, flauschige Wollpullis, klare Luft, raschelndes Laub, Eintöpfe und Saunagänge. Doch, auch diese Zeit hat ihre guten Seiten: kuschelige, geborgene, friedliche, erholsame, leckere. Und eins ist gewiss: Wenn der Winter kommt, ist auch der Frühling nicht mehr weit entfernt.

Immerhin hat es heute erstaunliche 14 Grad bei blauem Himmel. Wie kann ich diesen Tag nutzen? Nicht, indem ich am Schreibtisch sitze und lamentiere. Ich werde Tulpenzwiebeln einpflanzen. Für den Frühling zu sorgen hilft mir, in den Winter zu gehen.

Wandlungen

Die Welt legt wieder ein neues Kleid an. Alles ist in goldenes Licht getaucht, neue Farben mischen sich unter das satte Grün. Warmes Rot, leuchtendes Gelb, Orange in allen Tönen – dass Gott die Welt nicht in Schwarz-Weiß geschaffen hat, war eine gute Idee! Die Natur macht Ernst und verabschiedet sich spektakulär mit einem letzten Aufbäumen. Höchste Zeit, widerstrebend die immer noch blühenden Kübelpflanzen zurückzuschneiden und ins Winterquartier zu holen. Es fühlt sich irgendwie falsch an.

Nun finden sich die letzten Farbkleckse vor der Monotonie des Winters nur noch im Laub. Der Baum mit den ersten zartgrünen Blättern im Frühling – ich kann mich noch deutlich an die Freude erinnern, die er mir vor Kurzem erst machte – ist nun der Baum mit den ersten bunten Blättern. Unter der Birke liegt eine Pfütze aus Gelb, die ich versehentlich für Sonnenstrahlen halte, bis ich die rote Pfütze unter dem Ahorn sehe – bunte Inseln, bis auch sie zur Einheitsfarbe „Herbst" verschmelzen.

Die Bäume verlieren den Sommer. Aber durch ihr Loslassen öffnet sich mein Blick nach oben.

Die Bäume verlieren den Sommer. Aber durch ihr Loslassen öffnet sich mein Blick nach oben. Blaue Geräumigkeit nistet sich ein im Garten und ich staune, wie weit meine Augen plötzlich wieder schweifen können. Ich habe schon viele Male Herbst erlebt, aber was ich heute entdecke, habe ich noch nie wahrgenommen: An den Spitzen der gerade erst entlaubten Äste treiben bereits die jungen Triebe, frühlingsschwanger! Der von mir so respektvoll erwartete Herbst lässt die kahlen Äste knospen! Wenn das nicht Mut macht!

Eines Abends, als ich von der Arbeit komme, liegt der Garten im Schatten und ich habe das schale Gefühl, das Leben verpasst zu haben. Wir renovieren gerade unser altes Haus. Es ist von einem Gerüst umzingelt. Als ich durch den Garten gehe, höre ich eine Stimme von oben. Ich erstarre: Ganz oben, in der letzten Abendsonne, liegt Anna! In luftiger Höhe aalt sie sich auf einer Picknickdecke, hat eine Thermoskanne mit Kaffee bei sich und wirkt sehr zufrieden. Mitten auf der Baustelle zwischen all dem Unvollkommenen, Halbfertigen gönnt Anna sich diesen Höhepunkt. Recht hat sie. Ich darf nur nicht hinsehen.

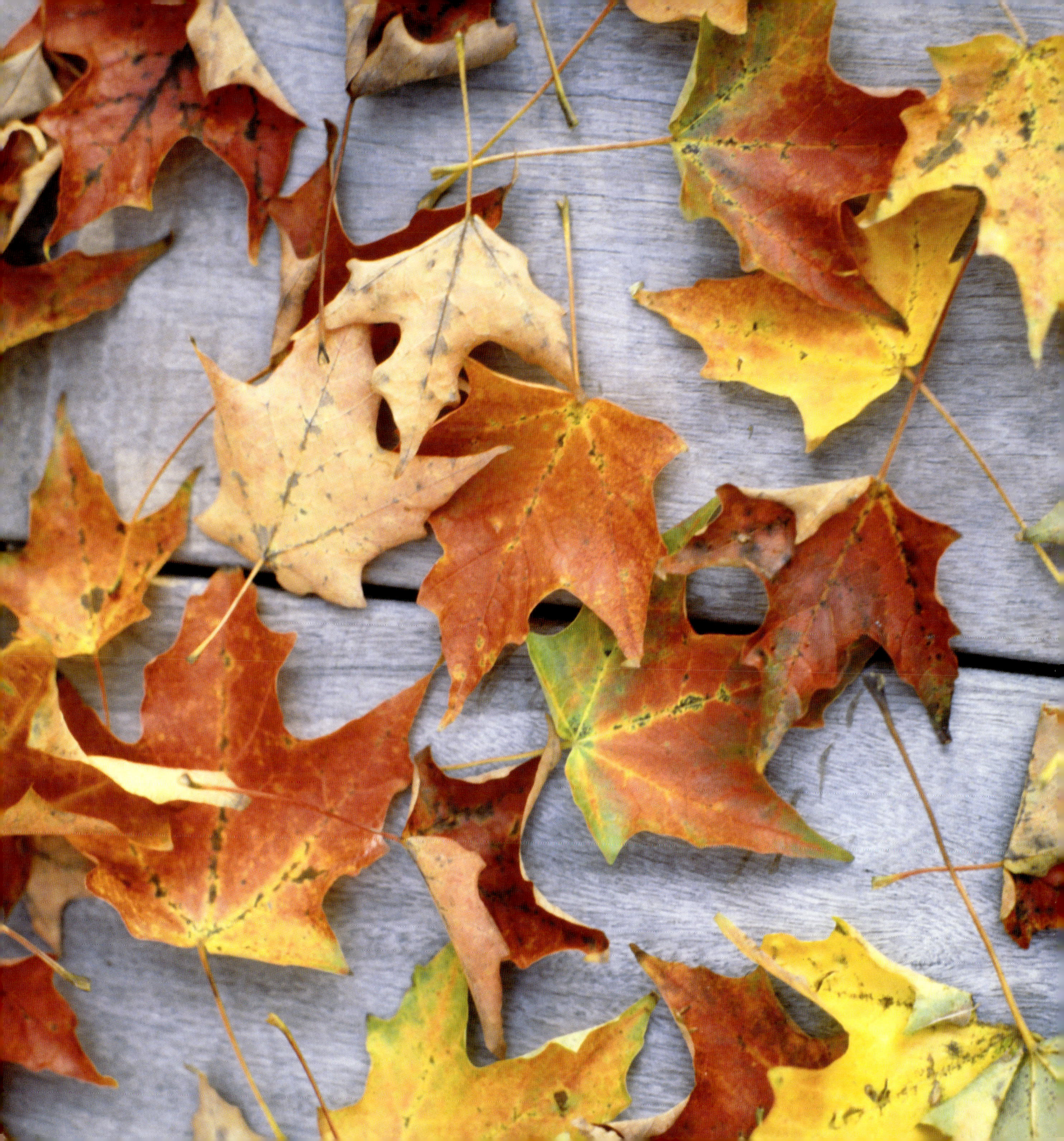

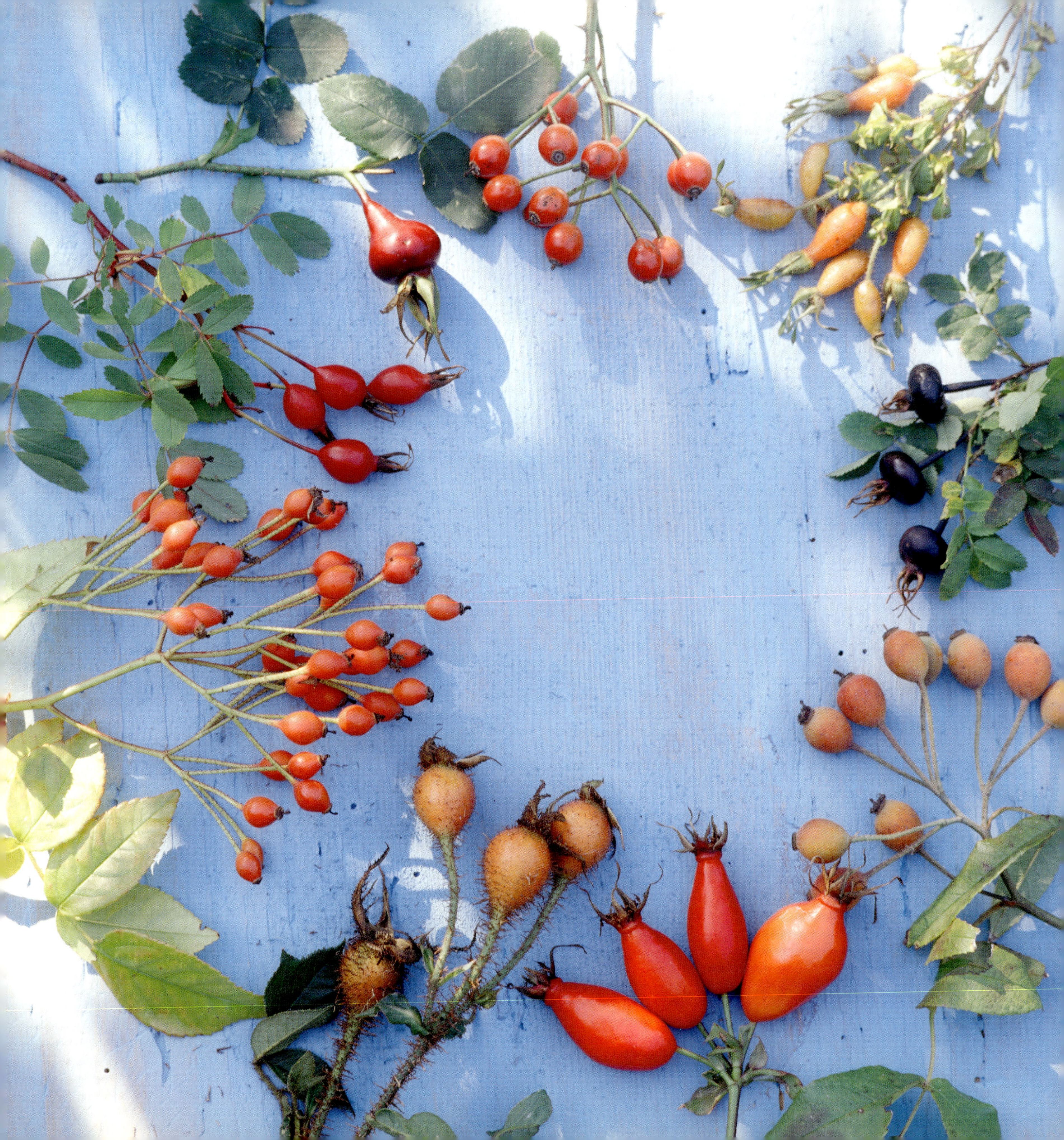

Übergangs-weise

*Die Zeichen der Liebe
gewahren*

*Geh nicht vorbei
am Heckenrosenhag
dem zärtlichen Gruß
des Schöpfers
für dich
sein Geschöpf
hineingesät
in die Tage der Trübsal
geh nicht vorbei
am Heckenrosenhag
ohne innezuhalten
einen Atemzug lang:
Du, liebender Gott
gedenkst meiner*

Antje Sabine Naegeli

Manchmal ist es noch frühlingshaft warm, doch die Zeichen stehen auf Herbst. Draußen empfängt mich ein würziges Potpourri aus neuen, herberen Düften. Auf den Wiesen steht noch eine Fülle von Spätsommerblumen, aber in den Hecken reifen Hagebutten und andere Beeren, rote, orange- und pinkfarbene, dazwischen blaue und schwarze. Der Herbst ist voll melancholischer Schönheit. Mit den neuen Farben steigt meine Lust am Dekorieren. Ich verteile Zierkürbisse in Haus und Garten, binde unentwegt Sträuße aus Blumen und Beeren und muss dabei an meine Oma denken, die Herbststräuße liebte. Nun scheine ich allmählich selbst in ein Alter zu kommen, wo ich mit dem Herbst mehr anzufangen weiß …

Heute trage ich ein Kleidungsstück, das sie für unentbehrlich hielt: den Übergangsmantel. Der letzte meiner Kindheit, an den ich mich noch erinnere, war altrosé. Allein schon der Klang dieser Farbe war wie ein Zauber für mich. Es war ein vergängliches Vergnügen, ihn zu tragen. Nur eine kleine Weile, bis die nächste Jahreszeit an die Tür klopfte, der Mantel seine Dienste getan hatte, wieder verstaut wurde. Übergangszeit. Raum zwischen Nichtmehr und Nochnicht, schonender Ausdruck für etwas, das meiner Seele Arbeit abverlangt.

Über dem Gartenjahr liegt eine Ahnung von seinem Ende. Die Natur, verausgabt, sehnt sich nach Ruhe. Ich muss freigeben. Das Außen loslassen, das Tun, Gedanken, die nach vorne streben. Um Gewohntes zu verlassen und Neuland zu betreten, braucht es gelingende Übergänge. Ich bin ein bewahrender Mensch. Neues zu beginnen ist mir unbequem, vor allem wenn es dabei wirklich an die Bequemlichkeit geht. Wenn der Eintritt in den Winter ansteht. Es kostet mich immer wieder Mut, mich der Dunkelheit, Kälte und Kargheit zu stellen.

Der Herbst ist kein Kunstfehler der Natur. Er ist dazu da, reifen zu lassen wie den Wein nach der Kelter, was ich im Frühjahr gesät, im Sommer geerntet habe. Ich will ihm seine Berechtigung zugestehen als einem wesentlichen Teil im Jahreslauf. Als einem Zeitraum, in dem ich nicht fruchtbar und produktiv sein muss, sondern mich neu sammeln und ausrichten darf. Wurzeln ausreißen, das bestellte Feld umpflügen, Verdorrtes verbrennen. Raum für Abschied und dadurch Raum für Neubeginn.

Ende der Saison

*Ich gehe viel spazieren, einmal einfach, weil strahlendes Wetter ist,
dann auch, weil ich schon die kommenden Herbststürme vorausahne.
So nütze ich wie ein Geizhals aus, was Gott mir schenkt.*

Marie de Sévigné, Brief an Frau von Grignan, 4. Oktober 1684

Die Tage werden kürzer, die Schatten länger. Ich wandere der Sonne hinterher, die letzten Altweibersommerstrahlen auffangen. Meine Seele rüstet sich für die bevorstehende Jahreszeit. Schmuddeltage, an denen wir schon den Ofen anmachen, wechseln ab mit milden Sonnentagen, an denen wir wiederholt „zum letzten Mal" draußen essen. Jede Mahlzeit im Freien genieße ich wie einen letzten, kostbaren Urlaubstag. Die Küche ändert sich. Das liegt an den neuen Gemüsesorten in den Töpfen. Liebe geht durch den Magen. Ich bereite ein tröstliches Essen aus frischen Herbstzutaten. Erfreut und frisch verliebt mäht der überraschte Mann zum letzten Mal den Rasen und lässt dabei die Gänseblümcheninsel stehen. Als er abbrummt, steht der Hund auf und trottet zu den Blumen. Vorsichtig schnuppert er an ihnen, sie kitzeln ihn in der Nase, die juckt, er beißt eins ab, dann wirft er sich mitsamt der juckenden Nase rein und wälzt sich mittendrin …

Zeit der Vergänglichkeit – noch einmal trocknet die Wäsche im Wind, noch einmal pflücke ich die allerletzten Wiesenblumen. Noch einmal kehren wir ein im alten Biergarten unter den Platanen am Fluss, in dem sich der späte Herbst spiegelt. Aber der Schein der Sonne trügt. Es wird schneller kühl, als ich denken kann. Ein kurzer, vergänglicher Tageszauber.

Dann kommt der erste Nachtfrost. Das letzte Laub fällt von den Bäumen, gefrostete Schönheiten mit weißen Rändern. Sie klirren leis, wenn man auf sie tritt. Ich hüte mich, die zerbrechlichen Schätze zu zerstören. Aber so oder so wird die vergängliche Herrlichkeit bald schon dahin sein. Die Luft ist würzig, erdig und schneidend klar. Noch einmal tief durchatmen, bevor der Winter kommt. Die Wiese vor dem Haus ist übersät mit Spinnweben, sichtbar gemacht durch winzige, gefrorene Tautropfen. Es herbstet sich ein.

Werner ist ein Mann der Hoffnung. Seit ich ihn kenne, pflanzt er Apfelbäumchen. Dieses Jahr hat er gar eine kleine Allee gepflanzt, selig träumend von der Blütenfülle im Frühling und einer reichen Apfelernte im Herbst. Im Keller stehen Kisten voller Äpfel, die einzeln nebeneinander gelegt werden wollen. Ich breite sie in Stiegen aus, jede Sorte für sich, jeden Stiel nach oben, und freue mich an dem duftenden, pausbackigen Reichtum. Unwiderstehlich sehen sie aus. Ich fühle die raue Haut des Boskop, rieche fast schon den Apfelkuchen, krempele die Ärmel hoch und mache mich an die Arbeit.

Wenn ich wüsste, dass morgen die Welt untergeht, würde ich heute noch ein Apfelbäumchen pflanzen.

Martin Luther zugeschrieben

Nach innen leben

Ruhe. Die Natur ruht. In der Erde warten Samen, Zwiebeln und Knollen auf ihre Zeit. Eichhörnchen, Igel und Co. halten Winterschlaf. Bäume und Sträucher leben entlaubt nach innen, ohne sichtbares Leben. In der Wachstumsruhe liegt die Chance zur Erneuerung. Während wir uns im Sommer veräußern, verinnerlichen wir uns im Winter. Brachzeit.

Ich übe mich darin, zu warten auf das, was im Verborgenen schlummert. Geduld ist meine schwerste Lektion. Ausharren. Warten auf das, was mir zuwächst. Nichts beschleunigen können. Dinge nicht nur tun, sondern auch lassen. Wirklich zur Ruhe kommen. Zeit mit mir selbst verbringen. Still werden vor Gott. Achtsam sein für die Sehnsucht, die verschüttet und unbeachtet auf dem Grund meiner Seele ruht. Wenn ich meine Sehnsucht spüre, kann ich sie Gott hinhalten. Gerade im Winter sehne ich mich zutiefst nach dem verlorenen Paradies.

Wenn ihr gelassen abwartet und mir vertraut, dann seid ihr stark.

Jesaja 30,15, GNB

Dies ist nicht meine liebste Jahreszeit. Trotzdem bin ich froh um den fortlaufenden Wandel der Jahreszeiten, dankbar, sie in ihrer Unterschiedlichkeit und Eigentümlichkeit wahrzunehmen und immer mehr zu erkennen, wie gut sie mir tun. Auch der Winter. Irgendwie.

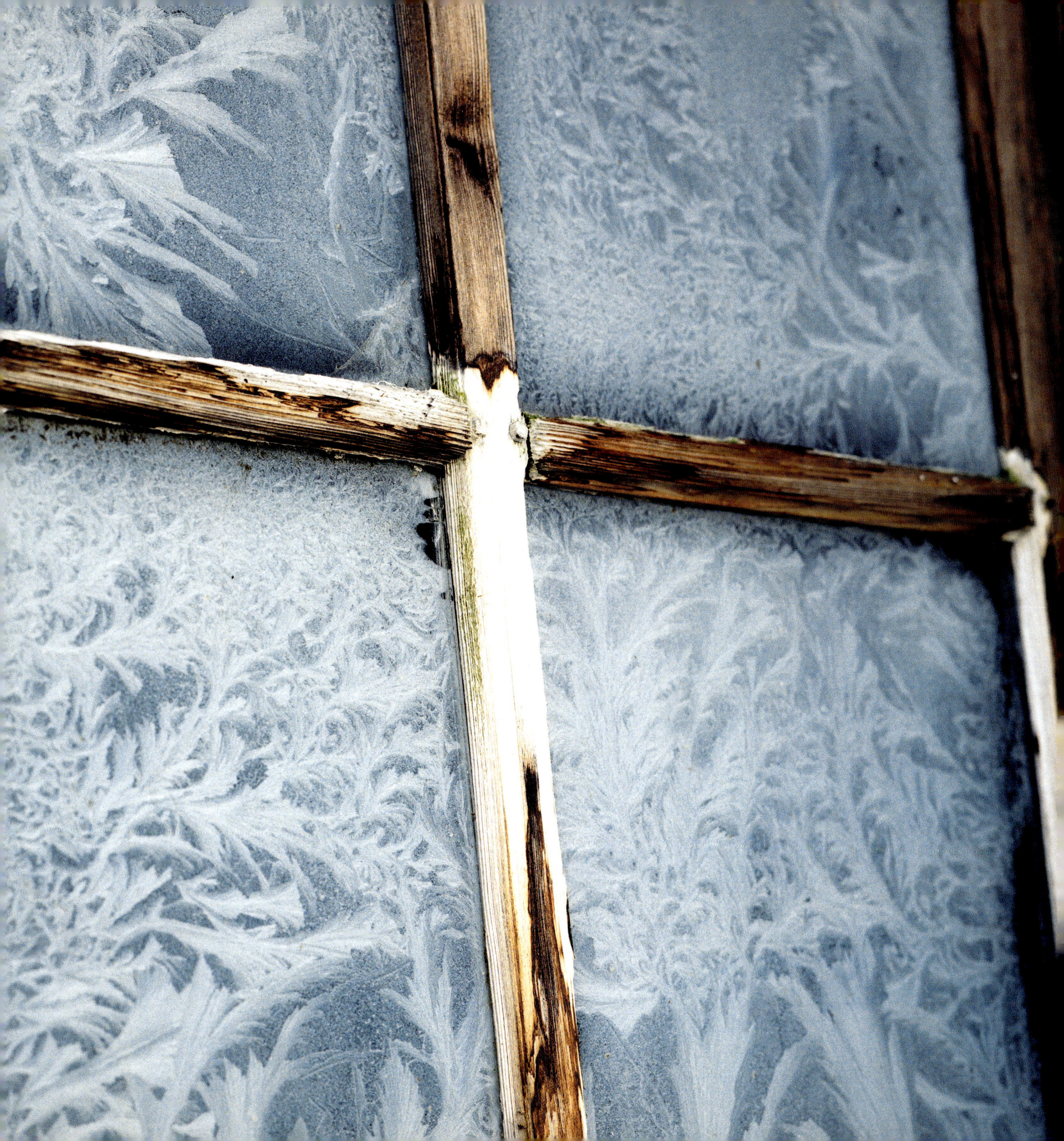

Supp-Kultur

Die Welt ist klein geworden. Kälte, Dunkelheit, Kargheit, Enge – ich finde, das Leben unter erschwerten Bedingungen verdient mildernde Umstände! Ich halte Ausschau nach Frostschutzmitteln zum Schutz meiner Seelenhülle. Ab jetzt werde ich den Winter gestalten, statt ihn zu erdulden!

Ich beginne mit dem Ort, in dem ich ein Drittel meines Lebens verbringe und verwandle das Schlafzimmer zum Lebens-Raum. Hell und behaglich möchte ich es haben. Vorhänge, Tagesdecke und Teppich in freundlichen Naturtönen, Duftlampe, Kerzen, Bücher, Musik, Schaukelstuhl und ein Tischchen zum Schreiben werden zu Wohlfühlfaktoren für meine Winterresidenz. Stundenlanges Schmökern mit heißer Schokolade tut meiner lebenshungrigen Seele gut. Als Nächstes wende ich mich dem kulinarischen Leben zu. Wer jetzt fastet, fällt vom Fleisch! Ich koche Omas Kraftbrühe, lese schmunzelnd ihre Notiz in meinem alten Kochbuch: „Zwiebeln, Fleisch, Gewürze und Gemüse so lange köcheln lassen, bis sich die Aromen miteinander verbinden!" Eine gute heiße Suppe ist Seelentrost und Wärmespender. Wir könnten mal wieder Freunde einladen zu einem kleinen Menü, das glücklich macht, gemeinsam einen Film ansehen und herzhaft lachen. Diese langen Winterabende sind doch wie geschaffen zum Feiern. Ich backe himmlische Plätzchen, eine altbewährte Sorte. Oma kann wirklich zufrieden sein mit mir!

Am Abend kommen alle nach Hause. Werner schleppt Holz rein. Es knistert vor Gemütlichkeit beim Stelldichein um Tisch und Ofen. Später, als das Haus ruhig ist, versinke ich in einem heißen Lavendelbad. Der Vollmond scheint durch das Dachfenster. Ich blättere in einem französischen Reiseführer, freue mich im tiefsten Winter auf das andere Leben, wo die Nacht zum Tag wird und Grillen singen. Aus dem Wohnzimmer kommt leise Musik. Chansons, ein Seelenmagnet. Wie konnte dieser Mann das bloß wissen? Ich schlüpfe in meinen Bademantel. Der Hund liegt vor dem Feuer, die Schnauze auf dem Boden, und bewacht aus den Augenwinkeln seine Katze. Als ich mich zu ihm setze, fällt er grunzend auf die Seite und beginnt zu dösen. Wenn ich lache, schlägt sein Schwanz leise auf die Holzdielen. Es ist noch etwas Glühwein da. Werner hat Kerzen angezündet. Ich freue mich auf eine kräftige Nackenmassage mit Orangenöl. Ich freue mich, also lebe ich!

Sozusagen grundlos vergnügt …

Ich freu mich, daß am Himmel Wolken ziehen
Und daß es regnet, hagelt, friert und schneit.
Ich freu mich auch zur grünen Jahreszeit,
Wenn Heckenrosen und Holunder blühen,
Daß Amseln flöten und daß Immen summen,
Daß Mücken stechen und daß Brummer brummen,
Daß rote Luftballons ins Blaue steigen,
Daß Spatzen schwatzen. Und daß Fische schweigen.

Ich freu mich, daß der Mond am Himmel steht
Und daß die Sonne täglich neu aufgeht.
Dass Herbst dem Sommer folgt und Lenz dem Winter
Gefällt mir wohl. Da steckt ein Sinn dahinter,
Wenn auch die Neunmalklugen ihn nicht sehn.
Man kann nicht alles mit dem Kopf verstehn!
Ich freue mich. Das ist des Lebens Sinn.
Ich freue mich vor allem, daß ich bin.

In mir ist alles aufgeräumt und heiter:
Die Diele blitzt. Das Feuer ist geschürt.
An solchem Tag erklettert man die Leiter,
Die von der Erde in den Himmel führt.
Da kann der Mensch, wie es ihm vorgeschrieben,
– Weil er sich selber liebt – den Nächsten lieben.
Ich freue mich, daß ich mich an das Schöne
Und an das Wunder niemals ganz gewöhne.
Daß alles so erstaunlich bleibt und neu!
Ich freu mich, daß ich … Daß ich mich freu.

Mascha Kaléko

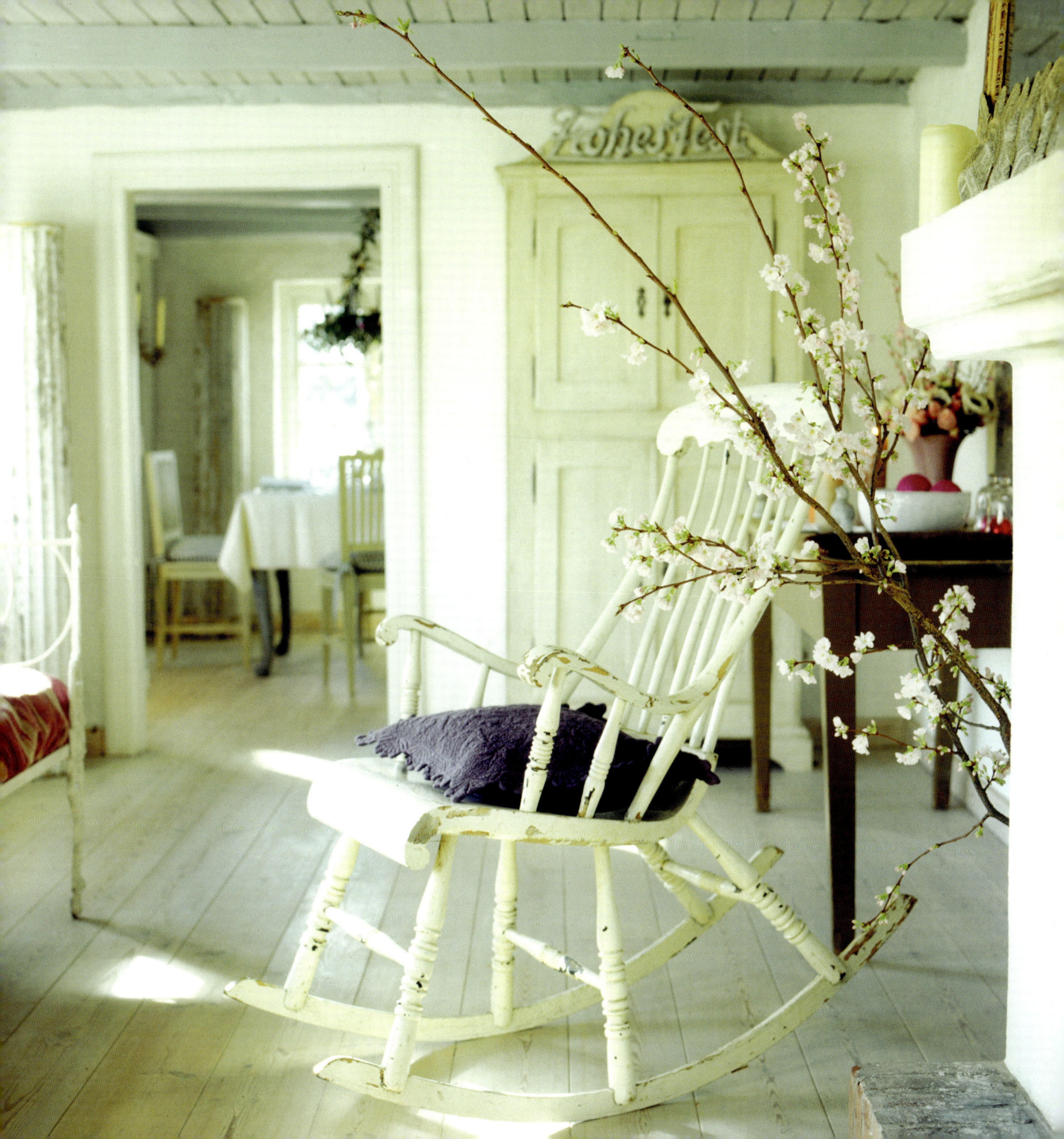
Frohes Fest

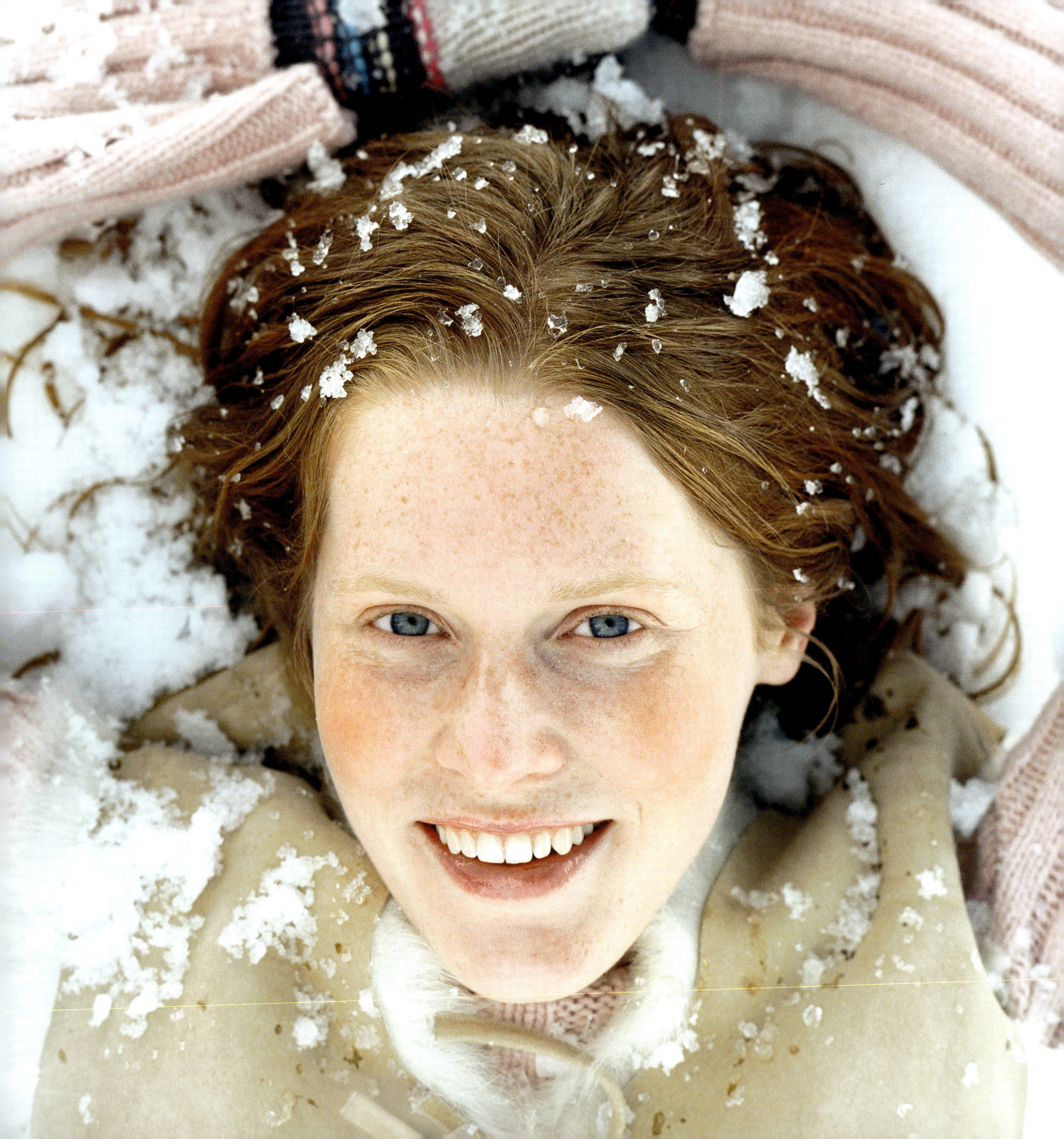

Guck mal, es schneit!

Das Haus schläft. Gibt es einen Grund, aufzustehen? Da höre ich alt vertraute Geräusche – gedämpfte Schritte und Worte, Schnee schiebende Nachbarn. Ich springe aus den Federn, öffne die Fensterläden und blicke auf eine weiße Winterlandschaft. Die nächste Viertelstunde reicht gerade aus, um einen Tee zu schlürfen, in meine Schneehose zu stürzen und raus in die verzauberte Märchenwelt zu eilen. Nando ist ebenfalls begeistert! Himmel, Erde und alles, was dazwischen liegt, ist weiß! Über dem Land liegt eine geschlossene Schneedecke. Milliarden Schneekristalle glitzern um die Wette. Der erste Schnee hat so etwas Reines, Beglückendes! Wie seit Jahr und Tag bin ich fasziniert davon, wie Gott es schafft, von einem Tag auf den anderen die Welt derart zu verändern, alles Düstere und Karge liebevoll zuzudecken.

Wir machen einen ausgedehnten Schneespaziergang in der glitzernden Landschaft. Die Luft, zum Schneiden klar, klirrt vor Kälte. Mein Atem dampft in kleinen Wölkchen zum Himmel. Unter unseren Füßen kracht der Schnee. Ein Hahn kräht. Ansonsten feierliche Stille. Der See ist in gleißendes Licht getaucht. Gräser, Schilf, die Silhouetten der Bäume – alles ist weiß. Über der gefrorenen Oberfläche wehen transparente Nebelschwaden. Daheimgebliebene Vögel plaudern leise miteinander.
Als es dämmert, kehren wir heim. Gut durchlüftet und angenehm müde tauen wir unsere gefrorenen Gliedmaßen in einem heißen Rosmarinbad auf. Draußen klappert der Winter mit den Türen. Wir trinken Teepunsch und sind sehr zufrieden.

*In jedem Winter
steckt ein zitternder Frühling,
und hinter dem Schleier
jeder Nacht verbirgt sich
ein lächelnder Morgen.*

Khalil Gibran

Am 4. Dezember, am Namenstag der heiligen Barbara, folge ich der Tradition unserer Großmütter und gehe Kirschbaumzweige schneiden. Kahle, erstarrte Zweige, in denen das blühende Leben schlummert. Ich lege sie über Nacht in lauwarmes Wasser und stelle sie in die gute Stube in froher Erwartung, was mir da blüht. Jedes Mal bin ich aufs Neue fasziniert: Mitten im Winter, zur Weihnachtszeit, brechen die Blüten auf. Ich verstehe.

Der Barbarazweig

*wir messen
mit knospenden
zweigen die zeit
vom knospen
zum blühen
ist es nicht mehr weit
wir hüten
die blüten
in unserem haus
sie sagen
im winter
den frühling voraus*

*wir trauen
den zeichen
dem zweig
und dem kind
wenn wir im dunkeln
beisammen sind*

*wir messen
mit knospenden
zweigen
die zeit
vom knospen
zum blühen
ist es nicht mehr weit*

Wilhelm Willms

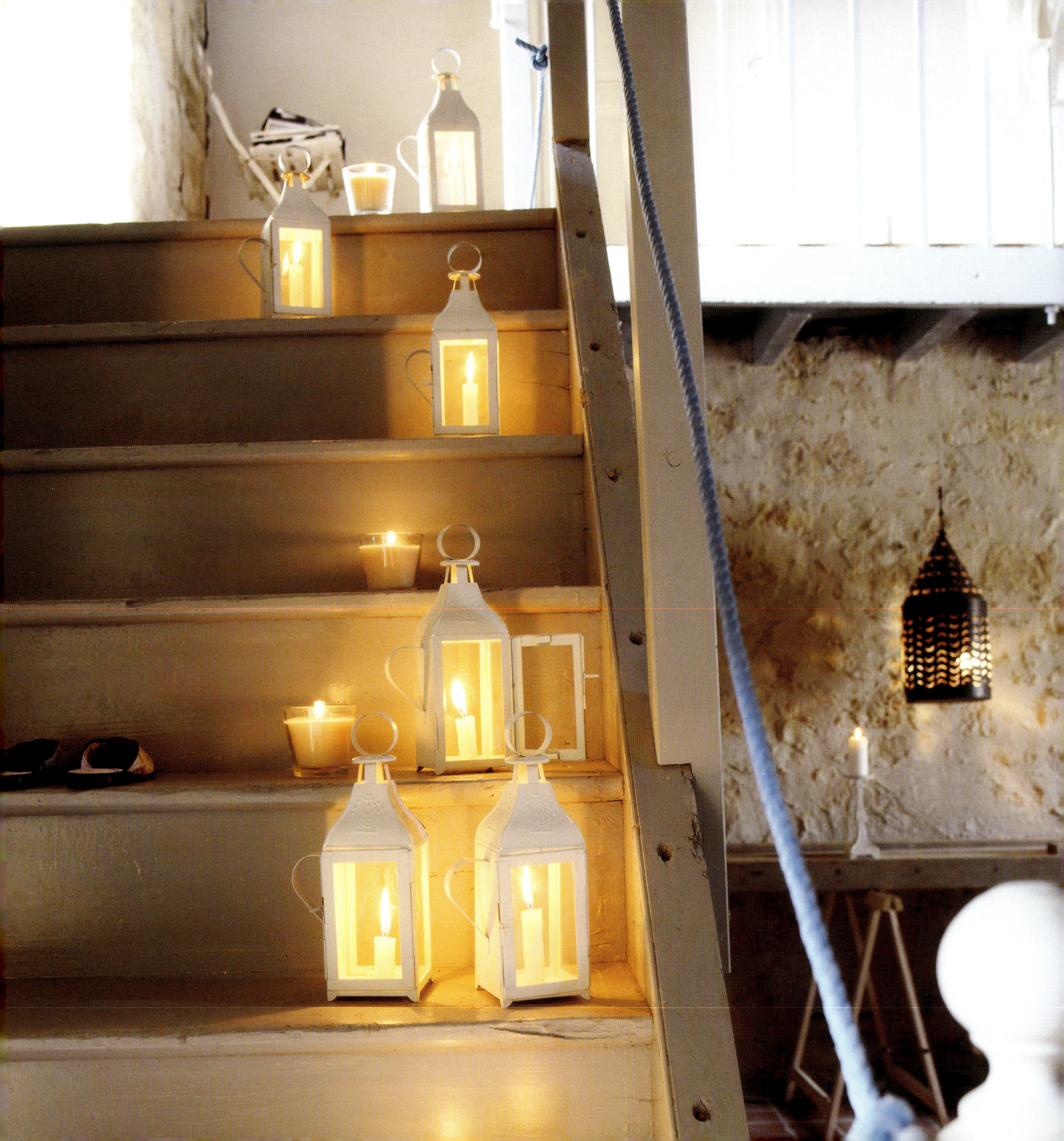

Lichtungen

Der Winter nimmt seinen Lauf. Kurz und immer kürzer sind die Tage. Lange Nächte. Die Welt ist kalt und unbunt, das Grau des Winters ist anstrengend. Tiefwinter, die Jahreszeit, in der sich Eigenschaften wie Ausharren, Warten können und Geduld in uns formen sollen. Wenn am Nachmittag die Sonne untergeht, fühle ich mich wie ausgeschaltet. Werner scheint es ebenso zu gehen. Still sitzen wir da und sehen uns an, ab und zu legt jemand einen Brocken Holz nach. Winterliche Schwere legt sich auf uns.

So kann es nicht weitergehen! Wenn es schon keine Blumen mehr gibt, dann aber Kerzen, die den Winter aufhellen. Ich verteile Laternen im Korridor und lasse sie den ganzen Tag über brennen. Das ist so wohltuend, dass ich einen Illuminierungs-Rundgang mache durch die Räume, in denen ich mich tagsüber aufhalte. Dicke, cremefarbene Kerzen leuchten auf den Fensterbänken, in der Küche spendet eine Lichterkette tröstliches Licht, im Holzofen flackert das Feuer. Ich schaffe helle Inseln, die meiner lichthungrigen Seele guttun. So kann es gehen, so gedeihen Eigenschaften wie gesunder Trotz, Anpassungsfähigkeit und Fantasie …

Eine Freundin hat mir einen Adventskranz geschenkt, ein wunderschönes christliches Symbol – je kürzer die Tage werden, umso mehr nimmt das Licht der Kerzen zu. Und um die Zeit der Wintersonnenwende erstrahlen die Kerzen am Weihnachtsbaum. Ab heute werden sie wieder länger, „jeden Tag einen Hahnenschrei", wie meine Oma sagte. „Ab jetzt geht's wieder rauszus!"

Gott überlässt uns nicht der Dunkelheit. Er, der selbst das Licht ist, kam in unsere Welt durch Jesus, seinen Sohn. Er entzündete das Licht der Hoffnung, das sich unaufhaltsam ausbreitet und unser Leben erhellt – unabhängig von den Schwankungen der Jahreszeiten.

Gott überlässt uns nicht der Dunkelheit.

Winterarbeit

Das alte Jahr geht zu Ende. Hat es nicht eben erst begonnen? Wo ist die Zeit geblieben zwischen dem Wissen, zwölf neue Monate vor mir zu haben und dem mit Leben gefüllten Pensum Zeit, das nun hinter mir liegt?

Ich nehme meine Tagebuchnotizen zu Hilfe, suche die Linien meines Lebens, finde mich zwischen den Zeilen. Ich sehe manches in neuen Zusammenhängen, kann Vergangenes neu einordnen. Erstaunlich, was alles in einem einzigen Jahr geschehen ist an Begegnungen, Ereignissen, Entwicklungen. Es gibt ihn doch, den roten Faden in meinem Leben, der mir im Alltag oft genug abhanden zu kommen scheint. Es gibt das Gelingen in den einfachen Dingen, das Glück im Unspektakulären. Dankbarkeit durchströmt mich. Der Rückblick tut gut und mindestens ebenso gut der Entschluss, das kommende Jahr bewusst in die Hand dessen zu legen, der es mir schenken möchte. Der Versuch, mit Vergangenem abzuschließen, mit Verworrenem ins Reine zu kommen, Ballast zurückzulassen, hilft mir, aufgeräumt und mit leichterem Gepäck in das neue Jahr zu gehen.

Mein Leben wächst in ein neues Tagebuch wie der Winter in das neue Jahr. Unbeschriebene Blätter … Wachstum braucht Zeit. Ich darf mit der mir geschenkten Zeit einen neuen Lebensabschnitt prägen und gestalten. Ich versuche, ihn zu umrahmen, halte konkrete Ziele fest und kleine Schritte, die mich ihnen näher bringen. Das ist vielleicht nicht immer erfolgreich, aber unterhaltsam und vielversprechend.

Vermutlich gibt es Zeiten, die sich besser dafür eignen. Werner repariert gerade einen Wasserhahn und ruft regelmäßig ebenso höflich wie bestimmt: „Hast du mal kurz Zeit?" Klar, schreibende Menschen haben immer eben mal Zeit. Das Katzenjunge greift respektlos mein wippendes Bein an. Es duckt sich hinter dem Stuhlbein, wackelt aufgeregt mit dem Po hin und her und kommt plötzlich angeschossen, um sich auf mich zu werfen und sofort wieder zu fliehen. Abends, als Mann und Kätzchen, die Augen auf Halbmast, zufrieden vor dem Feuer liegen, nehme ich wieder Stift und Papier zur Hand, um einen ungeplanten, guten Tag reicher …

Der Winter ist immer noch nicht meine Lieblingsjahreszeit, aber ich möchte nicht unterschätzen, welche Chance er birgt für einen Neubeginn.
Das alte Jahr geht zu Ende. Ich bin gespannt, was im neuen auf mich wartet.

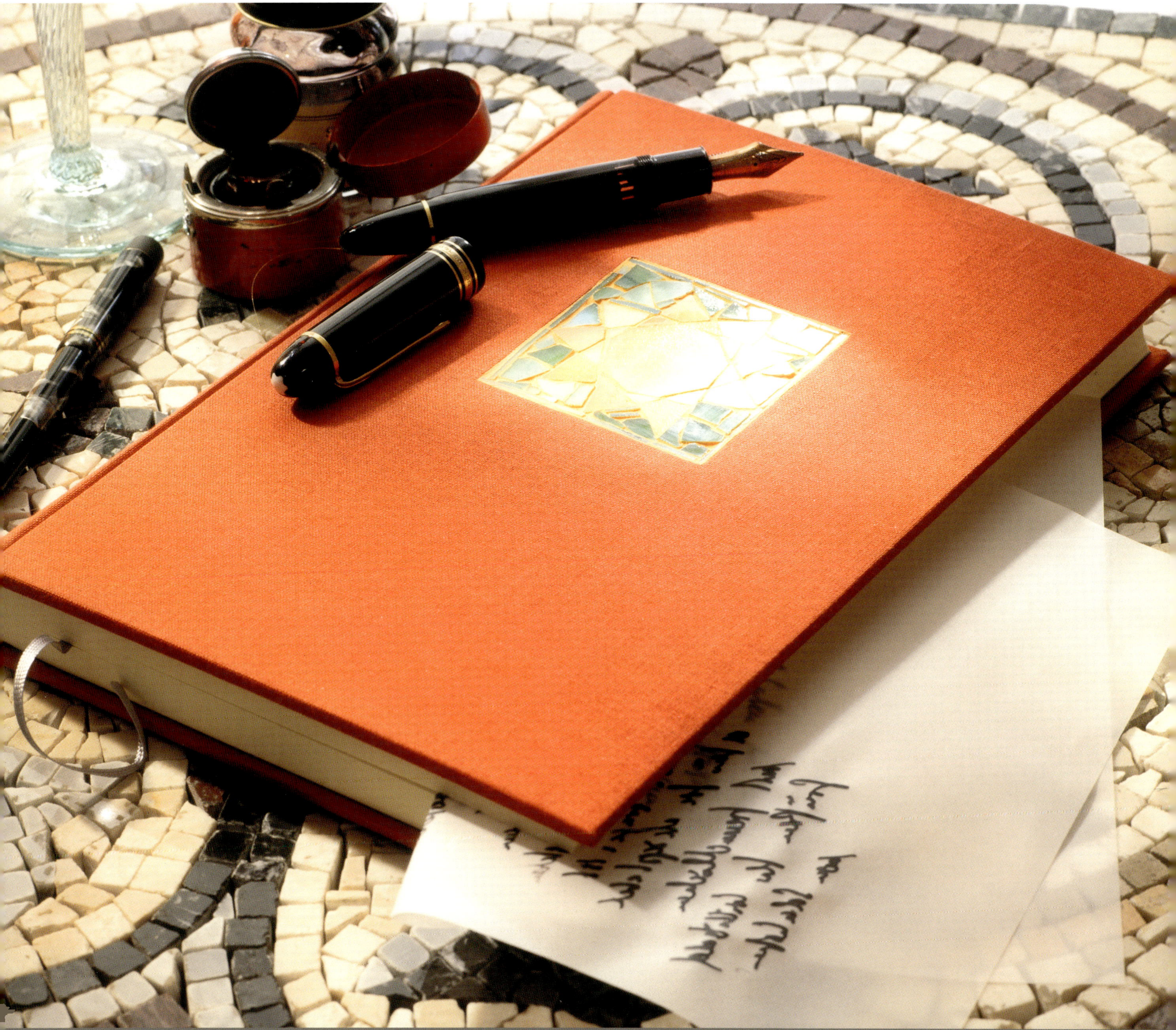

Was ich im Winter pflegen muss, ist meine Hoffnung

Nun beginnt die schlimmste Durststrecke. Draußen ist es kalt und geruchlos. In mir ist tiefster Winter. Mein Herzschlag schleicht im Winterschlafrhythmus. Selbst der Hund liegt nur noch teilnahmslos vor dem Ofen rum. So lange schon sind unsere Tage davon geprägt, dass wir auf engem Raum zusammenleben, uns schützen vor Kälte und Dunkelheit. Immer noch heißt es geduldig warten. Immer noch die Hoffnung aufrecht halten, dass auch dieser Winter ein Ende haben wird, dass auch dieser Frühling geboren wird, zu seiner Zeit. Der letzte Wintermonat – meine größte jahreszeitliche Herausforderung beginnt.

Im Hühnerstall gefriert seit Wochen das Wasser. Das Einmummen vor jedem Ausgang geht mir auf die Nerven. Beim Zähneputzen halte ich stumme Zwiesprache mit den Spinnweben an der Badezimmerdecke. Meine Winterhöhle fällt mir auf den Kopf. Die Sonne scheint und ihre Strahlen wärmen hinter der Fensterscheibe. Ich muss hier raus, meinen Horizont erweitern, und überrede den Hund, mich in die Winterfrische zu begleiten. Wir werden in der Schneeglöckchensonne über die Felder laufen und von guten Zeiten träumen.

Draußen überrascht mich eisige Kälte. Ich schlage den Mantelkragen hoch und stemme mich gegen den Wind, den Kopf voll düsterer Gedanken, den Blick nach innen gerichtet. Ich versuche, meine Gedanken zu Gebeten zu machen und hebe erstaunt den Kopf, als die Last auf den Schultern abnimmt. Im Windschatten der Feldkapelle setze ich mich auf eine Bank. Nando schmiegt sich an mich. Die Zeit scheint eingefroren. Eine lange Weile sitzen wir da, ohne dass etwas passiert. Irgendwann merke ich, dass das Gedankenkarussell aufgehört hat, sich zu drehen. Ich sehe auf das weite, schneebedeckte Land, das den Frühling erwartet. Ich warte.

Noch hält das Land Winterschlaf, noch schweigen die Vögel. Doch der Winter hat seinen Zenit überschritten. An der Kapellenmauer entdecke ich blühende Christrosen, frostige Schönheiten, die Eis und Schnee trotzen, erste Anzeichen dafür, dass der Frühling vor der Tür steht. Mit neuer Hoffnung im Herzen kehre ich heim, das Leben fühlt sich eine Spur leichter an. Im Briefkasten steckt der neue Saatgutkatalog.

Es hat keinen Sinn, Druck zu machen, wenn es noch Winter ist und der harte, gefrorene Boden noch keinen Lebensraum für das Neue bietet. In diesen Zeiten ist es besser, entspannt zu bleiben, zur Ruhe zu kommen und die Dinge einfach geschehen zu lassen. Abwarten und Tee trinken. Der neuen Zeit mit Gelassenheit und Spannung entgegensehen. Und dann losgehen, wenn der Frühling kommt und sich zur Fülle des Lebens im Sommer entfaltet.

Kerstin Hack

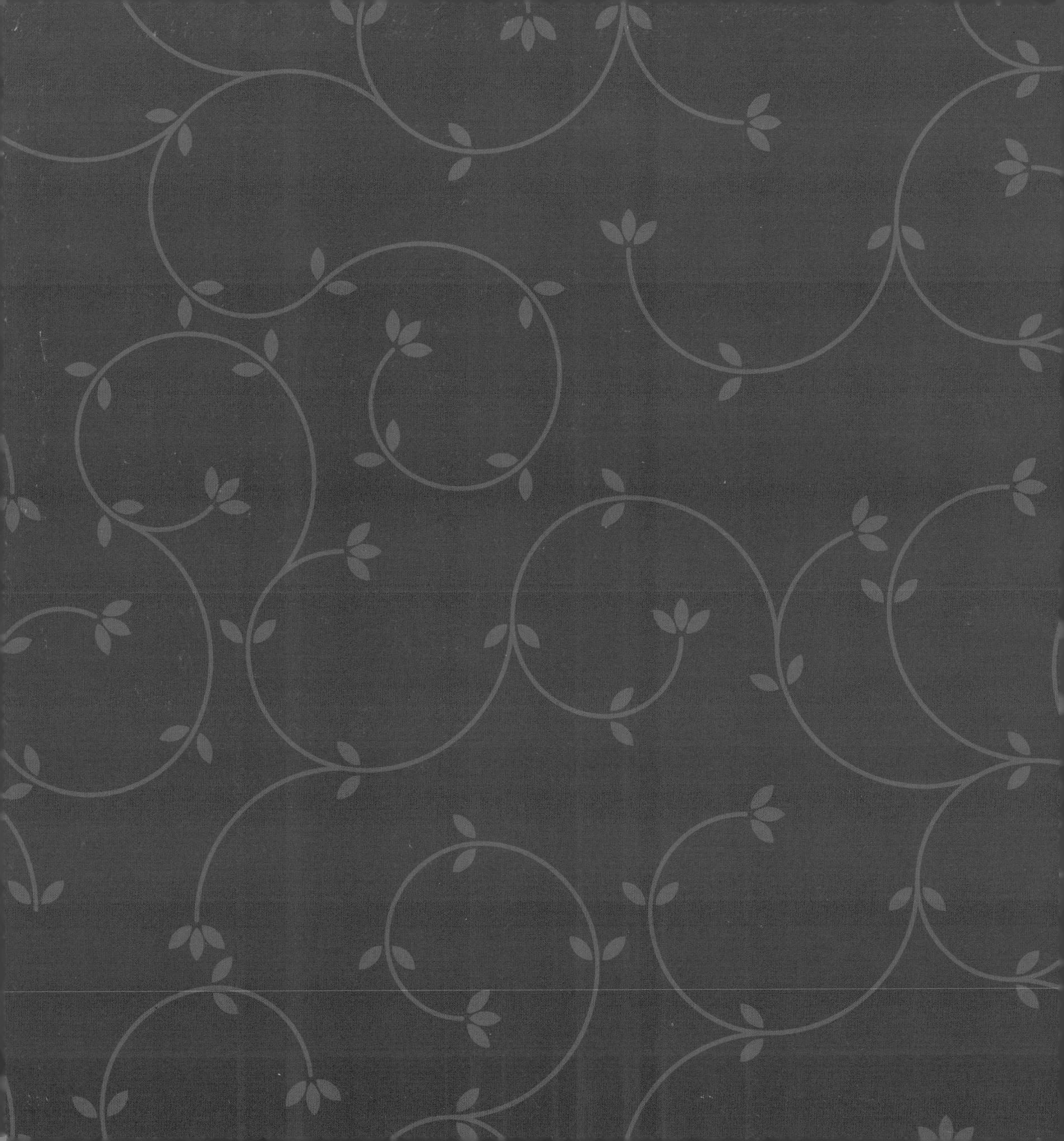